Adolf Wilhelm Strubell

Untersuchungen über den Bau und die Entwicklung des

Rübennematoden Heterodera schachtii Schmdt

Adolf Wilhelm Strubell

Untersuchungen über den Bau und die Entwicklung des Rübennematoden Heterodera schachtii Schmdt

ISBN/EAN: 9783743673694

Hergestellt in Europa, USA, Kanada, Australien, Japan

Cover: Foto ©ninafisch / pixelio.de

Weitere Bücher finden Sie auf **www.hansebooks.com**

BIBLIOTHECA ZOOLOGICA.

Original-Abhandlungen

aus

dem Gesammtgebiete der Zoologie.

Herausgegeben

von

Dr. Rud. Leuckart
in Leipzig.

und

Dr. Carl Chun
in Königsberg.

Heft 2.

Untersuchungen über den Bau und die Entwickelung des Rübennematoden Heterodera Schachtii Schmidt von **Dr. Adolf Strubell** aus Frankfurt a. M. — Mit 2 Tafeln.

CASSEL.

Verlag von Theodor Fischer.

1888.

UNTERSUCHUNGEN

ÜBER

DEN BAU UND DIE ENTWICKLUNG

DES

RÜBENNEMATODEN

HETERODERA SCHACHTII SCHMDT.

VON

Dr. ADOLF STRUBELL

AUS

FRANKFURT A. M.

CASSEL.

VERLAG VON THEODOR FISCHER.

1888.

MEINEN LIEBEN ELTERN

IN DANKBARKEIT

GEWIDMET.

Unter den zahlreichen thierischen Schmarotzern, welche unsere Culturgewächse in mehr oder minder verderblicher Weise heimsuchen, hat in den letzten Dezennien ein kleiner unscheinbarer Nematode die allgemeine Aufmerksamkeit durch den grossen Schaden, den er der Rübenkultur und damit auch der gesammten Zuckerindustrie zufügt, in ganz besonderem Maasse auf sich gelenkt.

Den Anguilluliden zugehörig und unter diesen den Tylenchen am nächsten verwandt, bohrt sich dieser Wurm vermittelst eines beträchtlich ausgebildeten Stachels bereits frühe, im Larvenstadium, in die Wurzelfasern der Rübe ein und bewegt sich dort mit ziemlicher Lebhaftigkeit im Parenchym umher, bis er an geeigneter Stelle zur Ruhe kommt, um nun unter einer Metamorphose, die beim Männchen sehr eigenthümlich verläuft, sich zu Geschlechtsthieren von ganz heterogener Gestalt zu verwandeln.

Bei der massenhaften Einwanderung des Wurmes, wodurch das Zellgewebe zerstört wird, und bei der fortwährenden Saftentziehung durch die reichliche Nahrungsaufnahme ist es natürlich, dass sich sehr bald die schädlichen Wirkungen in einem krankhaften Aussehen der Pflanze zu erkennen geben. Die Blätter verlieren ihr frisches Grün, werden matt und vergilben, um zum Theil zu Grunde zu gehen, zum Theil später wieder zu ergrünen, die Wurzel zeigt ein nur geringes Wachsthum und schrumpft oft, der Zuckergehalt nimmt bedeutend ab, kurz es treten Erscheinungen auf, die den Landwirth zu einer Zeit, wo man von der Existenz dieses gefährlichen Parasiten noch nichts wusste, zu der Meinung veranlassen konnten, dass die beträchtlichen Verluste und Missernten vor allem einer Erschöpfung des Bodens an Nährstoffen zuzuschreiben seien. Diese Anschauung, scheinbar gestützt durch Raubbau, den man damals infolge der sich immer steigernden Fabrikbedürfnisse betreiben musste, verlor jedoch mit der Entdeckung unseres Nematoden sehr rasch ihre Geltung, so dass jetzt, nachdem Kühn auf Grund mühsamer Experimente das winzige Würmchen als vorzugsweisen Urheber der „Rübenmüdigkeit“ erkannt und erklärt hat, jeder Zweifel über die wahre Natur des Uebels ein für allemal beseitigt ist.

Angesichts dieser grossen Verheerungen, die naturgemäss bei der früheren mangelnden Einsicht in das Wesen der Krankheit ausserordentlich stark zunahmen, kann es uns kaum Wunder nehmen, wenn der rübenbauende Landwirth heutzutage diesem verderblichen Feinde das lebhafteste Interesse entgegenbringt und Mittel und Wege sucht, sich seiner zu entledigen. Auffallen muss es uns dagegen umsomehr, dass von Seiten der Zoologen einem Parasiten, dessen vielfache Eigenthümlichkeiten schon zu einer näheren

Untersuchung auffordern, und der dabei noch eine so hohe praktische Bedeutung besitzt, die gebührende Beachtung bisher fast völlig versagt wurde; denn ausser einigen kurzen Mittheilungen, begleitet von ungenügenden Abbildungen besitzen wir, wie der historische Ueberblick darthut, keine weitere Nachricht.

Durch diese Thatsache veranlasst, hat die hohe philosophische Fakultät der Universität Leipzig die Darstellung des Baues und der Entwicklung der als Rübennematode bekannten Heterodera Schachtii als zoologische Preisaufgabe für das Jahr 1886 gestellt.

Ich habe es versucht in der nachfolgenden Abhandlung dieser Aufgabe gerecht zu werden, indem ich mich nach Kräften bemühte, die mannigfachen Lücken auszufüllen, das Bekannte zu erweitern und Neues hinzuzufügen, um auf diese Weise ein eingehenderes und vollständigeres Bild des Baues und der Lebensgeschichte von Heterodera Schachtii entrollen zu können, als es von meinen Vorgängern geschehen ist. Vor allem habe ich es mir dabei angelegen sein lassen, den biologischen Verhältnissen unseres Schmarotzers meine volle Aufmerksamkeit zu widmen. Stets wies ich da, wo es sich erheischte, auf die engen Beziehungen zwischen Form und Funktion der Organe hin und hob den Einfluss hervor, den die Existenzbedingungen auf die Bauweise besitzen. Zeigt doch auch gerade dieser unscheinbare Wurm, gleich allen Parasiten in ihren verschiedenen Abstufungen, wie unzureichend gar oft eine rein morphologische Betrachtung, wie wesentlich hingegen die stete Berücksichtigung der Lebensweise für das Verständniss der thierischen Organismen ist.

Die Abhandlung gliedert sich in mehrere Abschnitte, deren Folge sich von selbst ergiebt. In den ersten derselben soll neben einer historischen Uebersicht die Beschreibung der Untersuchungsmethode ihren Platz finden, während in den anderen der Bau der Geschlechtsthiere, die embryonale Entwicklung und die Metamorphose geschildert werden wird.

Bevor ich jedoch dazu übergehe, kann ich es nicht unterlassen, meinem hochgeehrten und geliebten Lehrer Herrn Geheimrath Leuckart für sein Wohlwollen, das er mir in so reichem Masse unausgesetzt schenkte, ebensosehr meinen tiefgefühltesten, aufrichtigsten Dank auszusprechen, wie für die vielfachen Rathschläge, mit denen er mich, wie immer, so auch bei diesen Untersuchungen unterstützte.

Historische Uebersicht.

Die erste Kunde, die wir über den Rübennematoden erhielten, kam von Hermann Schacht[28]), dem rühmlichst bekannten Bonner Botaniker. Beschäftigt mit eingehenderen Studien über die Zuckerrübe, widmete er auch den Feinden derselben seine besondere Aufmerksamkeit und fand dabei im Jahre 1859 „kleine weisse Pünktchen“, wie er sich ausdrückt, von der Grösse eines Stecknadelkopfes, die den Seitenwurzeln in zahlreicher Menge anhafteten. Durch die rundliche Form derselben veranlasst, hielt er diese Gebilde anfangs bei oberflächlicher Betrachtung für milbenartige Wesen, jedoch eine nähere mikroskopische Untersuchung überzeugte ihn sehr bald von seinem Irrthume. Die Körnchen hatten danach die Gestalt eines

„häutigen Sackes", der an beiden Enden spitz zulief, und bargen in ihrem Innern zahllose, „vielleicht über Tausend" Eier, die theils noch in Furchung begriffen waren, theils auch schon einen Embryo einschlossen. Diese Embryonen nun waren es, welche Schacht auf den Weg zu einer richtigen Deutung leiteten; denn ihr ganzes Aussehen liess ihm keinen Zweifel, dass er es in ihnen mit Würmern, echten Nematoden, zu thun habe, und der unförmige Sack nichts weiter darstelle, als das trächtige, allerdings höchst sonderbar gestaltete Weibchen. Die beiden Helminthologen Lieberkühn und G. Wagener, an welche einige Exemplare gesandt worden waren, bestätigten nicht nur die Diagnose, sondern sahen in diesem Nematoden auch noch eine neue, bisher unbekannte Art.

Auf diese erste Mittheilung, die nur ganz kurz gehalten ist, aber durch die darin niedergelegte Entdeckung des gefährlichen Parasiten von grosser Wichtigkeit war, folgten in dem gleichen Jahr noch einige kleine Bemerkungen über dessen Vorkommen auf Feldern von Stassfurth, im Oderbruche und in Schlesien. Erst drei Jahre später beschenkte uns Schacht [25]) mit einer zweiten ausführlicheren Nachricht, die unsere zoologische Kenntniss über diesen Wurm etwas erweiterte. Neben dem Weibchen, mit dem er uns bereits früher bekannt gemacht hatte, war es ihm geglückt, auch inzwischen das ausgebildete Männchen zu beobachten. Seine Zugehörigkeit zu den Rübennematoden schloss er ohne Mühe aus der grossen Aehnlichkeit mit den Embryonen. Er fand dasselbe gleichfalls in der Erde neben den Seitenwurzeln und schildert es als ein kleines mikroskopisches Würmchen mit cylindrischem Leib, mit einem kegelförmigen Aufsatz am Vorderende, einem grossen Stachel, mit Darm, Zeugungsorganen und einem „gespaltenen Penis" am Hintertheil. Auch das Weibchen würdigt er dabei noch einer Betrachtung, doch beschränken sich hier seine Angaben nur auf verschiedene Maasse und den Nachweis einer dem hinteren Ende anklebenden schleimigen Substanz, in welcher sich häufig zahlreiche Eier in verschiedenen Entwicklungsstadien finden sollten. Die innere Organisation, die sich weit schwieriger feststellen lässt, blieb ihm schon wegen der Opacität des Weibchens völlig verborgen.

Obwohl nun einzelne intelligente Landwirthe die Tragweite der Schacht'schen Entdeckung gar bald erkannten und manche praktische Winke, wie die Warnung vor Benutzung der Rübenabfälle bei der Düngung der Felder, zu verwerthen suchten, zeigte sich doch die Mehrzahl der Rübenbauer dem Hinweise dieses Forschers wenig zugänglich, und ebenso gerieth der Nematode nach dem Ableben des Entdeckers in wissenschaftlicher Beziehung fast ganz in Vergessenheit.

Denn ein Jahrzehnt musste vergehen, bis Archidiakonus Schmidt [30]) in Aschersleben die Untersuchungen von Neuem aufnahm. Wenn auch bei den Beobachtungen dieses Mannes vielerlei Irrthümer mit unterliefen, die in seinem Dilettantismus leicht eine Entschuldigung finden, so können seine Bemühungen um die Aufklärung der Lebensgeschichte unseres Nematoden immerhin mit Recht Beachtung beanspruchen.

Auf das sogen. Kopffutteral, das Schmidt als ein charakteristisches Merkmal des Weibchens beschreibt, auf die subkrystallinische Kruste, die er für ein Exsudat des Thieres zu halten scheint, wie auf die von ihm mitgetheilten anatomischen Details werden wir später bei Darlegung unserer eigenen Befunde zurückkommen. An dieser Stelle sei vor allen Dingen das Verdienst erwähnt, welches sich Schmidt durch die Einreihung des Nematoden in das System erworben hat, indem er im Hinblick auf die verschiedene Gestalt der Geschlechtsthiere das Genus Heterodera schuf und für unseren Wurm Schacht's Namen als Speziesbezeichnung beifügte. Ebenso muss auch hier Schmidt's Entdeckung eines höchst merkwürdigen

2

Stadiums des Männchens hervorgehoben werden. Er beschreibt dasselbe ziemlich genau als einen häutigen, glatten Schlauch, in dessen Innerm der männliche Wurm, wie der Embryo in der Eischale, mehrfach aufgewunden liegt. Das Wesen dieser Hülle hatte er verkannt; denn obwohl ihm die Aehnlichkeit bezüglich ihrer Form mit dem äusseren Habitus des Weibchens auffiel, glaubte er doch in diesem Gebilde ein Analogon jener bei parasitären Nematoden oft vorkommenden Cysten vor sich zu haben.

Leuckart[29]), der kurz darauf in seinem bekannten Jahresbericht den Abhandlungen Schmidt's eine Besprechung widmete, konnte dieser Auffassung nicht beistimmen, sondern gab, gestützt auf direkte Beobachtungen und seine reichen helminthologischen Erfahrungen, der Vermuthung Raum, dass die vermeintliche Cyste nichts anderes als die alte, nicht abgestossene Larvenhaut sei — eine Deutung, deren Richtigkeit ich nach meinen Befunden völlig bestätigen kann. Auch noch einzelne weitere fehlerhafte Angaben Schmidt's erfuhren durch denselben eine Verbesserung. So wurde die wahre Lage von Bauch und Rücken des Weibchens von Leuckart festgestellt und ebenso die der Vulva genauer bezeichnet.

Von da ab vergeht abermals eine geraume Zeit, ohne dass die Kenntnisse über Heterodera gefördert worden wären. Denn der blosse Hinweis auf unseren Nematoden in Schneider's Monographie und dessen ganz kurze Erwähnung durch Bütschli, der sich durch Beobachtungen Stein's in Frankfurt a. M. zu der Meinung veranlasst sieht, dass das von jenem' auch aufgefundene „Cystenstadium" vielleicht ein neuer Fall von Parasitismus des Männchens innerhalb des Weibchens sein könnte, bedürfen wohl kaum einer eingehenderen Berücksichtigung.

Erst durch Kühn [16]), den ausgezeichneten Hallenser Gelehrten, erfahren wir wieder mehr, wenn auch nur in einer gedrängten Uebersicht, die er seinem Buche „Ueber die Ermittelung der Ursache der Rübenmüdigkeit" einfügte. In dieser für die ökonomische Praxis so wichtigen Abhandlung beseitigt derselbe nicht nur alle Bedenken über die Schädigungen des Nematoden, sondern er giebt dem Landwirthe auch Mittel zur Vertilgung an die Hand, von denen die Verwerthung von sogen. Fangpflanzen sich am meisten bewährt haben soll. Kühn scheint bei seinen langjährigen Versuchen die Lebensgeschichte von Heterodera ziemlich genau bekannt geworden zu sein, und wir müssen deshalb um so mehr bedauern, dass gerade die diesbezügliche Mittheilung einen so aphoristischen Charakter trägt. Seiner Anschauung, dass der Rübennematode sich ausschliesslich im Innern der Wurzel als echter Entoparasit entwickele, vermag ich nicht völlig beizupflichten, da ich auch öfter Thiere fand, die äusserlich festhaftend, nur mit dem Kopfende in die Wurzel eingesenkt, ihre Metamorphose als Ektoparasiten durchmachten.

Mit diesem Berichte Kühn's haben wir alle uns näher berührenden Angaben über Heterodera Schachtii angeführt, und wir könnten somit den historischen Ueberblick abschliessen, wenn nicht in allerletzter Zeit eine Abhandlung über eine zweite Heteroderaart veröffentlicht worden wäre, die eine Beachtung verdient. Es ist dies die Dissertation von H. Müller [24]) „Ueber neue Helminthococcidien". Der Verfasser, der seine Aufmerksamkeit längere Zeit speziell den Pflanzengallen und deren Erzeugern zugewandt hatte, fand im Innern einer solchen Wurzelanschwellung von Dodartia, später auch an einer Clematisspezies, an Musa dacca und rosacea und an Mulgidium macrophyllum eine Heteroderaart, die er Heterodera radicicola benennt und die der unserigen sehr ähnlich ist. Wie er wohl mit Recht vermuthet, hatte bereits Greeff [13]) früher dasselbe Thier vor Augen, ohne sein Wesen zu erkennen. Auch die Gallenhelminthen, über die uns Licopoli, Cornu und Jobert Nachricht gaben, scheinen mit dieser Form identisch zu sein. Von dem Rübennematoden weicht dieselbe dadurch ab, dass das Hinterende des Weibchens mehr abgerundet erscheint, der Stachel etwas verschieden gebaut ist, und der hintere Theil der Larvenhülle beim Männchen spitz zuläuft. Müller schildert uns sehr eingehend die durch den Parasiten bewirkten Deformitäten an der Wurzel, widmet aber auch ein Kapitel der zoologischen Betrachtung des Gallenerzeugers. Auf diese letzteren Mittheilungen jedoch hier näher einzugehen, halte ich nicht für geboten, da ich bei der Beschreibung meiner Resultate Gelegenheit haben werde, öfter darauf zurückzukommen. Immerhin sei bemerkt, dass es ihm gelang, sowohl Männchen wie Weibchen in verschiedenen Stadien zu beobachten und so einen Einblick in die Lebensgeschichte zu erhalten. In der Deutung seiner anatomischen Befunde war er freilich weniger glücklich, trotzdem aber ist seine Arbeit unter den wenigen, die wir über unser Nematodengeschlecht besitzen, sicherlich die vollständigste.

Schliesslich sei hier auch noch einer jüngst publizierten Mittheilung Treub's[33]) gedacht, die mir allerdings nur in der Form eines Referates aus dem „Naturforscher" bekannt wurde. Darnach entdeckte Treub auf den ausgedehnten Zuckerplantagen Java's an den Wurzeln des Zuckerrohres einen kleinen schmarotzenden Nematoden, den er zum Genus Heterodera zu stellen sich veranlasst sieht und H. javanica benennt. Angaben über Bau und Lebensweise des Parasiten fehlen in dieser kurzen Notiz. Was wir daraus erfahren ist die allerdings bemerkenswerthe Thatsache, dass derselbe bedeutende pathologische Veränderungen des Wurzelgewebes hervorzubringen vermag, die sich in einer gewaltigen Anschwellung der Parenchymzellen zu erkennen geben. Bei dem Mangel jedweden zoologischen Details wage ich es nicht, mich darüber auszulassen, welcher der beiden bekannten Arten die neue Spezies am nächsten steht. Möglich, dass der Wurm als Gallenerzeuger in seinem Habitus mehr Anklänge an H. radicicola zeigt, vielleicht auch, dass er sich enger an H. Schachtii anschliesst, ja sogar mit einer derselben identisch ist.*) Jedenfalls sind die Verheerungen des Parasiten, soweit wir dies aus den journalistischen Berichten schliessen können, nicht weniger gross, als die unseres Rübennematoden.

Methode der Untersuchung.

Gemäss meiner Aufgabe, den Bau wie die Entwicklung von Heterodera Schachtii eingehender zu ermitteln, musste ich es mir vor allem angelegen sein lassen, mir nicht nur eine grosse Anzahl von Individuen, sondern auch möglichst alle Entwickelungsstadien zu verschaffen. Da jedoch erst im Sommer das nöthige Material von den Rübenfeldern zu gewinnen ist, ich aber bei der Kürze der Zeit schon im Winter

*) Die Unterschiede, die speziell zwischen H. Schachtii und H. radicicola bestehen, sind, wenn wir Müller's nicht immer sehr prägnanter Beschreibung vertrauen dürfen, so gering, dass ich mich nicht der Vermuthung zu entschlagen vermag, es könnten vielleicht beide eine und dieselbe Art sein. Dass die eine Gallen erzeugt, die andere nicht, scheint mir bei einer Diagnose nicht allzusehr in's Gewicht zu fallen, da das Auftreten solcher Nodositäten doch hauptsächlich von der relativ verschiedenen Reizbarkeit des Wurzelgewebes verschiedener Pflanzen bedingt wird. In meiner Meinung bestärken mich noch die neuen interessanten Untersuchungen von Ritzema Bos in Wageningen (Biolog. Centralblatt Bd. VII.), der auf Grund eingehender Vergleiche und Experimente die als devastatrix, allii, hyacinthi, Havensteinii, Askenasyi beschriebenen Tylenchen zu einer einzigen Art vereinigt.

zur Aufnahme meiner Untersuchungen gezwungen war, griff ich zu Zuchtversuchen und benutzte zu diesem Zwecke die bereits von Kühn zur Auffindung der sogen. Fangpflanzen angewandte Methode. Durch die Freundlichkeit des Herrn Geheimrath Kühn, dem ich an dieser Stelle meinen besten Dank dafür sage,*) erhielt ich, nachdem der langandauernde Frost nachgelassen hatte, ein Quantum infizierter Erde aus den Hallenser Versuchsgärten, deren oberflächliche Untersuchung schon das Vorhandensein einer reichlichen Menge überwinternder Weibchen mit lebenskräftigen Embryonen ergab. Diese Erde wurde theils in Blumentöpfe, theils in Holzkästen mit durchlöchertem Boden vertheilt und darauf sowohl mit Rübenkernen als auch mit Samen von Brassica Rapa oleifera und Lepidium sativum besät. Der Same ging bald auf, und die jungen Pflänzchen trieben bei gehöriger Wärme und Feuchtigkeit — die meisten Zuchttöpfe wurden in einem Mistbeet untergebracht — rasch Wurzeln. Schon nach vier Wochen, gegen Mitte April, war ich in der Lage, eine Infektion konstatieren zu können, so dass ich nun nach und nach in den Besitz eines vorläufig genügenden Materials gelangte.

Um der Thiere, die alle mit Ausnahme des trächtigen Weibchens von mikroskopischer Grösse sind, habhaft zu werden, schnitt ich einzelne Partieen von Wurzelfasern weg und schwemmte dieselben ab, worauf ich sie einer Untersuchung mit der Lupe oder einer schwachen mikroskopischen Vergrösserung unterwarf. Die jugendlichen Weibchen, die noch nicht durch ihre Turgescenz die Wurzelepidermis gesprengt haben, muss man ebenso, wie die Larvenstadien des Männchens, mit Nadeln aus der Rinde herauspräparieren, was sich bei einiger Geschicklichkeit unschwer bewerkstelligen lässt. Die freilebenden Larven fand ich zumeist in genügender Menge in der den Wurzelfasern anhaftenden Erde. Behufs Erlangung derselben breitete ich die Erde unter Wasserzusatz auf einer Glastafel aus, suchte die Larven zwischen den Partikelchen heraus und übertrug sie mit einem feinen Pinsel auf einen Objektträger zur weiteren Beobachtung. Bereits bei geringer Vergrösserung lassen sich die jungen, geschlechtslosen Würmchen durch ihre ziemlich trägen Bewegungen von den sehr häufig neben denselben vorkommenden, äusserst agilen Rhabditisformen unterscheiden.

Bei der Kleinheit der Objekte und ihrer Resistenzfähigkeit gegen Reagentien, die allen Nematoden eigen ist, war ich hauptsächlich darauf angewiesen, meine Beobachtungen am lebenden Thier anzustellen. Als Untersuchungsflüssigkeit verwerthete ich dabei eine halbprocentige Kochsalzlösung oder Hühnereiweiss. Um die oft störenden Bewegungen etwas aufzuheben, wurde ein gelindes Erwärmen über der Alkoholflamme benutzt, was stets, ohne die Thiere zu tödten, eine Streckung derselben zur Folge hatte. — Während diese Methode bei den durchsichtigen Männchen gute Dienste leistete, konnte sie bei der Untersuchung der völlig opaken Weibchen nur wenig zur Anwendung kommen. Hier war es nöthig Quetsch- und Zerzupfungspräparate herzustellen und, wo diese nicht ausreichten, Schnitte anzufertigen. Warmes Wasser oder warme Chrom-Pikrinschwefelsäure, welche ich anfänglich zur Conservierung der Weibchen benutzte, erwiesen sich als nicht brauchbar, weshalb ich zu warmem Sublimat griff, das als das geeignetste Härtungsmittel zu empfehlen ist. Nach genügender Einwirkung des Sublimates wurden die Thiere weiterhin, wie üblich, in die verschiedenen Alkohole bis zum Alkohol absolutus gebracht, vermittelst sauren Karmins und Pikro-

---

*) Auch allen den Herren Guts- und Fabrikbesitzern, die mich theils direkt, theils durch Vermittlung des Herrn Geheimrath Leuckart in liberalster Weise mit Material unterstützten, sei hier mein Dank ausgesprochen.

karmins gefärbt und darauf nach Einbettung in Paraffin in möglichst dünne Schnitte zerlegt. — Das Weibchen färbt sich trotz seiner dicken Cuticula ziemlich rasch, das Männchen dagegen bedarf oft eines Zeitraumes von mehr als drei Wochen, um sich völlig zu tingiren. — Vor der jedesmaligen Schnittführung ist es räthlich, die Schnittfläche mit einer dünnen Kollodiumschicht zu überziehen, da die inneren Theile des Weibchens sonst leicht auseinander fallen.

Beschreibung
des äusseren und inneren Baues der Geschlechtsthiere.

Die artenreiche Gruppe der Nematoden zeigt im allgemeinen eine so geringe Variabilität in der Gestalt ihrer Vertreter, dass es uns schon desshalb von Interesse sein muss, in Heterodera einen Nematoden kennen zu lernen, der einen so auffallenden geschlechtlichen Dimorphismus besitzt, wie er bis jetzt nur in ganz seltenen Fällen bei Rundwürmern gefunden wurde. Denn nicht allein, dass die beiden Geschlechter unserer Heterodera, abgesehen von dem Bau der Sexualorgane, wesentliche Verschiedenheiten in Bezug auf ihre Grösse aufweisen — die Differenz in ihrer Gestalt ist eine so weitgehende, dass es einem auf diesem Gebiete selbst erfahrenen Forscher kaum möglich wäre, ohne Einblick in die Lebensgeschichte ihre Zusammengehörigkeit zu erkennen. Hauptsächlich ist es das Weibchen, welches ein so abweichendes Aussehen hat. Während das Männchen nämlich die Charaktere der Larve im ausgebildeten Zustande im Grossen und Ganzen bewahrt, schwillt das Weibchen im Laufe seiner Entwicklung zu einem kugeligen Gebilde an, das äusserlich in Nichts mehr Ähnlichkeit mit dem männlichen Thiere zeigt. Nur den von Lieberkühn [19] in dem Proventrikel der Ente entdeckten Tetrameres vermöchten wir als einziges Analogon unserem Geschöpfe an die Seite zu setzen, wenn nicht in neuester Zeit Leuckart [22] uns mit jenem noch merkwürdigeren Allantonema bekannt gemacht hätte, das als protandrischer Hermaphrodit in Hylobius pini schmarotzt. Deutet bei Heterodera das abgesetzte schlanke Kopfende und bei Tetrameres auch die Schwanzspitze noch auf nematoide Wesen hin, so vermissen wir solcherlei Merkmale bei Allantonema vollständig. Unter der entoparasitären Lebensweise ist hier der langgestreckte Nematodenleib zu einem wurstförmigen Körper geworden, der mit dem Mangel eines Darmes auch der Mund- und Afteröffnung entbehrt.

Bei dieser Verschiedenheit, die hauptsächlich den äusseren Habitus unserer Heterodera angeht, theilweise aber auch den inneren Bau ergreift, halte ich es für angemessen, die Organisation der Geschlechtsthiere getrennt zu beschreiben. Organe, die histologisch und anatomisch bei Mann und Weib mit einander übereinstimmen, werde ich bei Besprechung des ersteren ausführlicher darstellen und bei letzterem dann nur in Kürze berühren.

Die Organisation des Männchens.

Das Männchen [a]) von Heterodera Schachtii trägt in ausgezeichnetem Maasse alle Merkmale an sich, die den echten Nematoden charakterisieren. Im Einklang mit einer ziemlich lebhaften Beweglichkeit besitzt es einen langen, schlanken und cylindrischen Körper. Seine Länge variiert etwas; sie misst meist 0,8—0,9 mm., kann aber in einigen Fällen auch 1 mm. erreichen. Die Dicke ist fast überall gleichmässig und der Querschnitt beinahe kreisförmig. Dem Vordertheile sitzt eine calottenartige Erhebung auf, die sich gegen den übrigen Leib durch eine Ringfurche abhebt, während das Hinterende in einen zapfenförmigen, flach-abgerundeten Fortsatz ausläuft, der seinerseits sich wieder nach vorne durch eine leichte Einbuchtung abgrenzt. Immer ist der Schwanztheil hakenförmig nach der ventralen Seite gekrümmt. Darm sowohl, wie der einfache Hodenschlauch ziehen in gerader Richtung durch die Leibeshöhle und münden mit einem gemeinsamen Ausführungsgange aus. In der Mundhöhle gewahrt man einen Stachel von beträchtlicher Ausbildung, und am hinteren Ende liegen die ansehnlichen Begattungswerkzeuge als zwei gleichgestaltete Spicula.

Unterwerfen wir die Organisation einer näheren Betrachtung, so treffen wir von aussen nach innen fortschreitend zunächst auf das Integument, das in Form einer elastischen, resistenten Membran den ganzen Körper überzieht. Diese Cuticula, aus einer chitinösen Substanz bestehend, ist fast farblos und vollkommen pellucid, so dass man im Stande ist, ohne viele Schwierigkeit den Bau des Wurmes durch sie hindurch zu überblicken. Ihre Dicke ist wenig beträchtlich, fast überall gleich stark, nur an dem abgestutzten soliden Schwanze und da, wo sie sich an der Bildung der Kopfcalotte betheiligt, nimmt sie an Mächtigkeit zu. Bei der Kleinheit des Thieres vermag man nicht leicht ihre Zusammensetzung zu analysieren, doch gewinnt man bei aufmerksamem Zuschen immerhin darüber einigen Aufschluss. Was vor allem sogleich in die Augen springt, ist die schön ausgeprägte Ringelung [a]) der Cuticula, die am Vordertheile beginnt und sich bis gegen das Hinterende verfolgen lässt, wo sie undeutlich wird und schliesslich ganz verschwindet. Vorn werden die Ringel etwas schmächtiger, während sie sonst durchgehends dieselbe Breite von ca. 0,001 mm. beibehalten. Sie umgreifen die ganze Circumferenz, ohne dass sie, ausser da, wo die Seitenfelder von vorn nach hinten ziehen, irgendwelche Unterbrechung erleiden. Ein Absetzen dieser Querbänder und ein alternierendes Ineinandergreifen vermittelst spitzer Enden, wie dies Leuckart[20]) bei Ascaris lumbricoides beschreibt, konnte ich trotz sorgfältiger auf diesen Punkt gerichteter Untersuchungen niemals bemerken. — Müller hat diese auffallenden Querlinien auch gesehen, spricht dieselben aber als Ringmuskeln an — ein Irrthum, der einer ausführlicheren Zurückweisung kaum bedarf.

An der Cuticula selbst nun lassen sich drei verschiedene Schichten unterscheiden, deren oberster die eben besprochene Querstreifung zukommt. Ausser dieser Eigenschaft zeigt dieselbe keinerlei Struktur-verhältnisse. Sie stellt eine dünne, homogene Membran dar, die einen etwas gelblichen Ton hat, sich mit Carmin intensiv färbt und sich sonst noch durch ein starkes Lichtbrechungsvermögen auszeichnet. Mit der zweiten Lage ist sie ziemlich fest verbunden; eine Trennung der beiden habe ich vergeblich versucht. — Die zweite Schicht überragt die erste nur unbedeutend an Dicke. In optischer Beziehung zeigt sie ein

---

a) Taf. 1. Fig. 1.

mehr mattes Aussehen; ebenso verhält sie sich gegen Tinktionen resistenter. Was sie vornehmlich charakterisiert, ist ein System von zarten Streifen, die eng zusammengedrängt in radiärer Richtung angeordnet sind. Der dritten Lage, welche die Cuticula nach innen abschliesst, thue ich hier nur Erwähnung, ohne mich über ihre Textur auslassen zu können. Denn obwohl gerade sie vor allen die grösste Dickenentwicklung hat, war es mir selbst bei starker Vergrösserung unmöglich, etwas über ihren feineren Bau zu erfahren. Manchmal gewahrte ich sehr undeutliche Linien, die einen schrägen Verlauf zu nehmen schienen und die Vermuthung nahelegten, dass diese Schicht vielleicht eine Faserung besitze. Auch ihre Fähigkeit, sich in ihren einzelnen Theilen verschieden zu färben, deutet auf ein nicht überall gleichartiges physikalisches Verhalten hin.

Die Cuticula stellt somit ihrem ganzen anatomischen Baue nach, wie gewöhnlich bei den Nematoden, ein Skeletgebilde dar, dessen Biegsamkeit bei der Lokomotion sehr wesentliche Vortheile bietet, und das durch seine Festigkeit äusseren Einflüssen grossen Widerstand entgegenzusetzen vermag.

Als ein solcher Skelettheil muss auch der schon früher erwähnte calottenförmige Aufsatz [a] am vorderen Körperende aufgefasst werden, umsomehr als derselbe nicht nur seiner Beschaffenheit nach der Cuticula angehört, sondern weil er auch seiner Funktion nach als Bewegungs-, Schutz- und Stützapparat gelten kann. Wir bezeichnen diese kappenartige Erhebung am besten wegen ihrer Gestalt und Lage als Kopfkappe. Bei ihrer beträchtlichen Entwicklung, durch die man sie auf den ersten Blick als ein spezifisches Gebilde erkennt, ist dieselbe natürlich den früheren Beobachtern nicht entgangen, doch haben sie sich über ihren Bau keine ausreichende Aufklärung zu verschaffen gewusst. Schacht, dem die Existenz dieser Kopfkappe bekannt war, enthielt sich einer näheren Schilderung, Schmidt dagegen widmet ihr einige Worte und beschreibt sie als einen „Cylinder, der von sechs Bügeln getragen wird." Müller endlich erblickt in ihr bei Heterodera radicicola ein System von wulstigen, muskulösen Lippen. — Ueber des Letzteren Ansicht kann ich ein definitives Urtheil nicht fällen, da ich keine Gelegenheit hatte, die von ihm beobachtete Art zu Gesicht zu bekommen. Indess will es mir dünken, als ob bei der nahen Verwandtschaft der Arten, die sich in einer grossen Aehnlichkeit der Organisations- und Entwickelungsverhältnisse ausspricht, dieser Apparat kaum grosse Abweichung von dem des Rübennematoden besitze. Die Stellung der Kopfkappe am oralen Ende stützt allerdings die Ansicht Müller's einigermassen; eine oberflächliche Betrachtung unserer Heterodera überzeugt uns jedoch bald, dass wir es hier mit keinem Haft- oder Tastwerkzeug zu thun haben.

Bei unserem Nematoden präsentiert sich die Kopfkappe [a] als eine stattliche kappenartige Erhebung, die mit dem übrigen Körper eng verwachsen, nur durch eine Ringfurche von demselben getrennt ist. Sie besteht aus einer Verdickung der Cuticula und hat eine Höhe von ca. 0,006 mm. Betrachtet man dieselbe von oben [b], so erweist sie sich als kreisförmig im Querschnitt und zeigt eine Sternfigur, deren sechs Strahlen radiär gegen eine centrale Öffnung, die Mundöffnung, gerichtet sind. Diese Strahlen erreichen jedoch nie mit ihren divergierenden Enden die Aussenwand der Kappe, sondern lassen immer einen Raum dazwischen. Eine Seitenansicht belehrt uns, dass die Sternfigur von einem Systeme von sechs Lamellen herrührt, die gegen die centrale Mundwand einspringen und mit dieser verwachsen. Sie bestehen aus einer starren, chitinösen Membran und sind nach aussen, wie schon ihre bräunliche Farbe beweist, immer

---

a) Taf. 1. Fig. 2. b) Taf. 1. Fig. 2.

stärker als nach innen zu, wo sie nach und nach ein glashelles Aussehen bekommen. An ihrer Basis sind sie mit dem Boden der Kappe fest verbunden. Die Lamellen liegen also im Innern und die äussere Cuticularwand zieht wie ein Mantel über sie hinweg. Der untere Rand der Calotte wird dabei stets verdeckt, indem die Cuticula des angrenzenden Körpertheiles sich gleichfalls in Form von Bogen erhebt, die mit jenen Lamellen in ihrer Lage korrespondieren. — Angesichts der Stellung, Form und Beschaffenheit dieser Kopfkappe kann kaum über die Bedeutung dieser Einrichtung ein Zweifel bestehen, besonders dann, wenn man auf die Lebensweise unseres Schmarotzers Rücksicht nimmt. Abgesehen davon, dass sie dem Wurme Schutz und dem später zu besprechenden Stachel eine nicht unwesentliche Stütze zu gewähren vermag, ist sie vor allem ein trefflicher Bohrapparat, der, wie eine Pflugschar, die die Ackerkrume auflockert, wirkend, durch seine Rigidität die festen Bodenbestandtheile zur Seite schiebt und so ein leichteres Vordringen der Würmer in der oft festen Rübenerde ermöglicht. In Harmonie mit dieser Funktion findet sich denn auch der Apparat nur bei den freibeweglichen Formen, dem Männchen und den ersten Larven, während er dem Weibchen und den sessilen Larvenstadien fehlt.*)

Wie wir somit sehen, ist die Kopfkappe der Heterodera ein recht kompliziertes Gebilde, das anscheinend ganz isolirt ohne Analogon dasteht.**) Vergegenwärtigen wir uns aber noch einmal ihre Struktur und Stellung am oralen Pole, so dürfen wir mit Recht in morphologischer Beziehung in ihr ein Aequivalent der Lippen erblicken. Wir brauchen uns dabei nur vorzustellen, dass mit der Ausbildung des Stachels die Lippen ihrer gewöhnlichen Funktion verlustig gingen, und dass sie darauf, anstatt rudimentär zu werden, zu einem Ganzen verschmolzen, welches vermöge seiner Beschaffenheit geeignet war, in den Dienst der Bewegung zu treten. Die Lamellen würden nach dieser Anschauung als die verwachsenen Begrenzungsflächen der Lippen zu betrachten sein. Muskeln, von denen Müller spricht, habe ich nicht nachweisen können, und ebensowenig gelang es natürlich, irgend eine Bewegung zu beobachten.

Anderweitige Anhangsgebilde der Cuticula kann man, abgesehen von den Spiculis, bei unserem Nematoden nicht entdecken. Papillen, die sonst in der Gruppe der Rundwürmer so verbreitet sind, fehlen ganz. Auch eine Bursa, nach de Man ein konstantes Merkmal der Tylenchen, wird bei Heterodera vermisst. Die charakteristischen Längslinien, die der Cuticula theilweise angehören, wollen wir lieber mit der darunterliegenden Schicht, da sie mit dieser in engerer Beziehung stehen, besprechen.

Unter der Cuticula treffen wir nämlich noch eine körnige Lage, die Subcutanschicht. Ist es schon schwierig bei höheren Nematoden über den Bau dieser Schicht in's Klare zu kommen, so stellen sich ihrer Analyse bei einem Wurme von so minimaler Grösse noch mehr Schwierigkeiten in den Weg. Ich habe mir dieselbe dadurch zur Anschauung zu bringen versucht, dass ich kleine Flächenpräparate anfertigte, wobei ich die Muskeln von der Haut entfernte. Sie erscheint dann als eine sehr dünne Lage, die sich aus Körnchen und einer faserigen Masse zusammensetzt. Die Körnchen haben eine sehr verschiedene Grösse, sind dunkel und unregelmässig vertheilt. Ob die Subcuticula überall dieselbe Dicke aufweist und ohne Unterbrechung unter der Haut hinzieht, vermag ich nicht anzugeben.

---

*) Fast unwillkürlich wird man hierbei an eine analoge Einrichtung im Pflanzenreiche erinnert, an die Wurzelhaube, deren Existenz für die Ausbreitung der Wurzel von grosser Bedeutung ist.

**) Eine gleiche Bildung scheint auch bei Tylenchen vorzukommen. Wenigstens beobachtete ich denselben Apparat, wenn auch nicht in derartiger Entwicklung, bei den männlichen Individuen eines Tylenchus, der paarweise in dem durch ihn deformierten Fruchtknoten eines Phleum lebt.

Mit ihr in enger Beziehung stehen, wie bereits hervorgehoben, die sogen. Längslinien.[a] Man unterscheidet bei ihnen gewöhnlich zwischen Seitenlinien und Medianlinien. Letztere verlaufen in der Mitte des Rückens und des Bauches, während die Laterallinien an den Seiten entlang von oben nach unten ziehen. Sowohl die ventrale wie die dorsale Medianlinie sind bei Heterodera kaum angedeutet, dagegen treten die Seitenlinien auf den ersten Blick sehr deutlich hervor. Als zwei breite Bänder entspringen sie an der Basis der Kopfkappe und gehen fast bis zum Schwanzende, wo sie erst in der Nähe der Analöffnung verschwinden. Ihre allenthalben gleiche Breite beträgt ca. 0,004 mm. Durch vier parallele Linien wird jedes Seitenfeld in drei Abtheilungen zerlegt. Stellt man nun das Objektiv so ein, dass die äussersten Linien scharf zu erkennen sind, so verschwimmen die inneren. Daraus wird ersichtlich, dass sie mit jenen nicht in einer Ebene sich befinden, — wie man auch leicht an ihrem optischen Verhalten bemerkt — sondern dass sie in Form von Leistchen gegen die Leibeshöhle vorspringen. Wie die Cuticula, so werden auch die Seitenfelder von der Subcuticula bekleidet. Dieselbe zeigt hier, wie überall, das gleiche körnige Aussehen, nur werden die Kerne, die sonst sehr spärlich vorhanden sind, etwas häufiger, besonders in der mittleren Abtheilung, die sich wulstartig erhebt.

In dem linken Seitenfeld verläuft regelmässig ein Exkretionsgefäss[b]. Dasselbe stellt einen dünnen durchsichtigen Kanal dar, der in der Mitte der Bauchlinie eine kurze Strecke unterhalb des Bulbus mit einer runden Oeffnung, dem Porus excretorius, ausmündet. Vorne sich trichterförmig erweiternd, verengt er sich rasch und geht in einem Bogen seitwärts zu den Laterallinien, um dann deren mittlerer Partie in ihrem ganzen Verlaufe bis in die Gegend des Afters zu folgen.

Die Verbindung des Gefässes mit dem Seitenfelde scheint keine sehr innige zu sein, denn ein mässiger Druck genügt, um es in seiner ganzen Länge freizulegen. — Nie treten zwei Kanäle auf, sondern stets findet sich nur einer, dem linken Seitenfelde angehörig, so dass wir bei Heterodera ein gleiches Verhalten vor uns haben, wie bei dem Weizenälchen (nach Davaine[12]) und noch anderen Tylenchen (nach Bütschli[3]).

Die Medianlinien sind, wie gesagt, sehr unbedeutend entwickelt. Sie erscheinen als zwei zarte, sehr dünne Streifen, deren nähere Struktur zu erkennen unmöglich ist. Von aussen lassen sie sich gar nicht wahrnehmen; erst die Anordnung der Muskulatur giebt einen Anhalt für ihre Entdeckung.

Der Hautschlauch wird nun nach innen abgeschlossen durch einen gleichmässigen Belag von Muskeln, der in Form eines Hohlcylinders der innersten Schicht der Subcuticula aufliegt. — Seit Schneider in seiner Monographie auf den Bau der Muskelhülle sein System der Nematoden begründete, hat man gerade der Muskulatur besondere Aufmerksamkeit zugewandt, und so scheint es denn nothwendig, derselben auch bei unserer Beschreibung mit einigen Worten zu gedenken.

In Uebereinstimmung mit allen übrigen Nematoden zerfällt bei Heterodera der gesammte Muskelapparat in vier Felder, die getrennt durch die vier Längslinien ohne Unterbrechung vom Kopfe bis zum Schwanzende hinlaufen. Zwei von diesen Feldern gehören der Rückenfläche und zwei der Bauchfläche an. Alle bestehen aus einer Summe scharf ausgeprägter Muskelzellen, die in diagonaler Richtung gegen die Längslinien hinziehen. Die Winkel, die sie dabei bilden, betragen ca. 35 Grad, und zwar stellen sich dieselben immer so, dass ihre Schenkel an den Laterallinien nach vorn, an den Medianlinien aber nach hinten

---

[a] Taf. 1. Fig. 3.   [b] Taf. 1 Fig. 1

konvergieren. Auf diese Weise kommt dann eine Symmetrie der Bauchfelder und der Rückenfelder zu Stande, wie solches auch bei anderen ähnlich gebauten Nematoden der Fall ist. Die Zahl der einzelnen Elemente in jedem Felde beträgt auf einem Querschnitte fünf, im ganzen Umkreise also zwanzig. Dieser Anordnung nach müssen wir daher Heterodera der Gruppe der Polymyarier, der flachen Gestalt der Zellen wegen aber derjenigen der Platymyarier zurechnen — ein neuer Beweis für die Unhaltbarkeit des von Schneider aufgestellten Systemes.

Was den Bau der Muskelelemente[a]) selbst anbelangt, so konnte ich mir darüber am besten dadurch Aufschluss verschaffen, dass ich sie isolierte. Ich benutzte zu diesem Zwecke mit Erfolg ein gelindes Erwärmen oder ganz schwache Kalilauge. Nach einer derartigen Behandlung erscheinen diese Gebilde als glatte, schmale, mehr spindelförmige als rhombische Zellen, an denen sich unschwer zwei histologisch von einander verschiedene Theile unterscheiden lassen. Ihre Länge ist ziemlich beträchtlich (0,003 mm), ihre Breite dagegen weit geringer, nur 0,001 mm. Wie eine Profilansicht darthut, bestehen sie aus einer hellen, sogen. flächenhafte Substanz und einer auf dieser aufsitzenden dunkleren Markmasse. Erstere hat eine flächenhafte Ausdehnung und zeigt eine leichte, schräg ziehende Streifung, die auf eine fibrilläre Struktur hindeutet, während letztere, buckelartig emporgewölbt, sich aus lauter kleinen Körnchen zusammengesetzt erweist und im Innern einen deutlichen Kern mit Kernkörperchen trägt. Fortsätze, mit deren Hilfe sie an die Medianlinien herantreten, wie solche bei anderen Formen vorkommen und von Leuckart[20]), z. B. bei Oxyuris, und von Bütschli[6]) bei den kleinen Nematoden der Blatta beschrieben wurden, konnte ich nicht auffinden. Unter sich jedoch scheinen die Zellen sowohl seitlich, wie durch ihre zugespitzten Enden ziemlich fest vereinigt zu sein. In ihrem Zusammenhang gewähren sie durch die scharf markierten Kontouren das Bild eines nach diagonaler Richtung etwas gezerrten, aber sonst regelmässigen Netzwerkes.

In Betreff des Nervensystemes vermag ich nur eine ganz kurze Mittheilung zu geben. Man wird dies begreiflich finden, wenn man bedenkt, wie schwierig gerade die Untersuchung dieses Gebildes ist, und wie wenig befriedigend im Allgemeinen der Einblick ist, den man bis jetzt, selbst bei so grossen Vertretern der Nematoden wie Ascaris, über die Struktur desselben gewonnen hat. Dass es bei Heterodera nicht fehlt, dürfte man, glaube ich, schon aus der gesammten Organisation, insbesondere der beträchtlich entwickelten Musculatur, erschliessen. — Den Centraltheil des ganzen Systemes bekommt man bei einigermassen aufmerksamem Zusehen leicht zu Gesicht. Er liegt als sogen. Schlundring[b]) dicht hinter dem Bulbus und stellt ein helles durchscheinendes Band dar, das den letzten Oesophagusabschnitt in seinem ganzen Umfange umgreift. Ueberall hat er eine gleiche Breite von ca. 0,006 mm und verläuft, ohne seine Richtung zu verändern, völlig horizontal. Betrachtet man denselben näher, so sieht man, dass er aus zarten Querfasern gebildet wird, die zwischen sich hier und da kleine Körnchen und auch einige wenige grössere Kerne fassen. Wenn der Wurm eine Rücken- oder Bauchlage einnimmt, so gelingt es manchmal bei günstigen Objekten an den Seiten äusserst feine Protoplasmastränge wahrzunehmen, die nach oben und unten steigen, sich jedoch dem Auge sehr bald wieder entziehen; vielleicht, dass dies eben Nervenfasern sind, die mit den Laterallinien in Beziehung stehen. Von sonstigen nervösen Elementen, etwa einem Analganglion, lässt sich nichts bemerken.

a) Taf. 1. Fig. 4.   b) Taf. 1. Fig. 1.

Durch den ganzen Körper hindurch, vom Kopfende bis zum stumpfen Schwanze, zieht sich, begrenzt vom Hautmuskelschlauche, die Leibeshöhle. Ihr Lumen wird fast vollkommen von dem Darmtraktus und den Geschlechtsorganen eingenommen, so dass nur ein enger Spaltraum übrig bleibt, der oft, hauptsächlich in seinem oberen Theile, von einer grossen Masse dunkler, stark glänzender, bräunlicher Kügelchen erfüllt ist. Wenden wir uns zunächst von den zwei Organsystemen, welche die Leibeshöhle einschliesst, dem Verdauungsapparate zu. Derselbe hat im Grossen und Ganzen einen geraden Verlauf und durchzieht den ganzen Körper der Länge nach, indem er mit der in der Mitte der Kopfkappe gelegenen Mundöffnung beginnt und am Hinterende mit dem bauchständigen After endigt. Die Mundöffnung führt in die sogen. Mundhöhle, das Vestibulum, das, in Gestalt eines cylindrischen Rohres [a]), bekleidet von der äusseren Cuticularschicht, die Kopfkappe durchbricht und gleich hinter derselben sich erweiternd birnförmig anschwillt. In diese Mundhöhle hinein ragt ein sehr kräftiger Stachel, an dessen Aussenseite sich die unten bogenförmig umbiegende Cuticularwand des Vestibulum noch eine kurze Strecke hinzieht. Der Stachel [b]) selbst repräsentiert ein ansehnliches Gebilde von einer Länge von 0,03 mm. Vorn in eine etwas abgerundete Spitze auslaufend, nimmt er nach hinten an Dicke allmählich zu und trägt an seiner Basis drei knopfförmige Verdickungen, die sich deutlich gegen einander absetzen. Sein Querschnitt ist an den einzelnen Stellen verschieden. Während der Contour in der ersten Hälfte kreisförmig ist, hat derselbe in der anderen, bedingt durch drei von den Knöpfen aus nach oben gehende Kanten, das Aussehen eines sphärischen Dreiecks.

Bei seiner Massenentwicklung haben natürlich auch die früheren Autoren den Stachel beobachtet. Allein wie Bütschli [5]) bei verschiedenen Tylenchusarten, Davaine [11]) beim Weizenälchen, so konnten auch weder Schmidt noch Müller darüber in's Klare kommen, ob der Stachel von Heterodera solide oder hohl sei. Die völlige Verwachsung mit dem inneren Chitinrohr des Oesophagus legte ihnen schon die Vermuthung nahe, dass letzteres der Fall sein müsse, der feine Strich aber, den sie in ihrer Schilderung als ein Lumen ansahen, ist nichts als eine jener oben erwähnten Kanten. Um mich über diesen Punkt aufzuklären, griff ich zu einem einfachen Experimente. Ich brachte mein Objekt in eine Indigolösung. Sobald dann der Saugapparat des Oesophagealbulbus in Thätigkeit versetzt wird, sieht man die winzigen Indigopartikelchen durch den Stachel wandern und alsbald im Oesophagus verschwinden. Wäre der Stachel solide, so könnte eine solche Erscheinung nicht eintreten. Auch Bruchstücke beweisen, dass derselbe ein Lumen besitzt, und zwar ein ziemlich bedeutendes.

Was die Funktionen des Stachels betrifft, so halte ich ihn mehr für ein Stech-, als für ein Bohrinstrument. Seine Bewegungen sind nicht rotirende, wie die eines Bohrers, sondern geschehen immer ruckweise und rhythmisch. Durch einen flachen ringförmigen Wulst in seiner Mitte und den hinteren Rand der Mundhöhle wird seine Exkursionsfähigkeit auf ein bestimmtes Maass eingeschränkt, denn meist schiebt er sich nicht mehr als um ein Drittel seiner Länge über die Mundöffnung hinaus. Uebt man auf das Thier einen starken Druck aus, so giebt allerdings die Chitinwand des Vestibulum nach, und der Stachel fällt weit vor.

Die Muskeln, die diese Bewegungen bewirken, umhüllen ihn in Form einer bulbösen Masse. An Zerzupfungspräparaten lassen sich zwei Muskelpaare, die ihm direkt anliegen, deutlich unterscheiden.

a) Taf. 1. Fig. 2.   b) Taf. 1. Fig. 6.

3*

Beide entspringen an der Basis der Kopfkappe; aber während der eine (innere) von dort unter Verminderung seines Querschnittes an dem Stachel entlang läuft und sich an der Oberfläche der Knöpfe festsetzt, umgreifen die anderen (äusseren) denselben in einem Bogen und inserieren sich unten und an den Seiten dieser Knoten. Als Antagonisten arbeiten diesen beiden Muskelpaaren zwei schmale, oft schwer sichtbare Stränge entgegen, die von der Aussenwand des Stilets schräg nach unten gegen die Körperwand ziehen. Ausserdem gewahrt man noch ein paar weitere Muskelbänder, die von der Stachelbasis eine diagonale Richtung nach oben einhalten und, wie es scheint, dazu dienen, durch ihre Contractionen das Vorschnellen des Stachels sowohl zu unterstützen, als auch seine seitliche Verlagerung zu regeln.

Die Wandungen des Stachels bestehen aus einer bräunlichen, chitinigen Membran, die eine beträchtliche Festigkeit aufweist, aber doch auch sehr elastisch ist, so dass sie starke Beugungen auszuhalten vermag. Oftmals habe ich die Spitze des Stachels, wenn derselbe auf einen festen Gegenstand stiess, mit der nachfolgenden Partie einen Winkel von fast 100° machen sehen, ohne dass ein Bruch erfolgt wäre.

An diesen Stachel schliesst sich nun nach hinten der eigentliche Darmtraktus, der bei unserer Heterodera in drei Abschnitte, den Oesophagus, den Darm und das Rektum zerfällt. Der Oesophagus [a]) zeigt sehr wesentliche Eigenthümlichkeiten und spaltet sich ebenso wieder in drei Abtheilungen.

Im Allgemeinen stellt derselbe einen Schlauch dar von mehr oder minder beträchtlicher Breitenausdehnung, der die Leibeshöhle eine Strecke weit durchsetzt und in der Höhe des Porus excretorius in den Darm einmündet. Sein vorderer Theil ist ziemlich schmal, beschreibt mehrere Windungen, und grenzt sich scharf gegen den darauffolgenden kugeligen Bulbus ab. Hinter letzterem wird der Schlauch wieder eng, vor seinem Ende aber erweitert er sich nochmals und nimmt hier die Dimensionen des Darmes an.

Mit der Basis des Stachels verwachsen zieht durch den ganzen Oesophagus ein feines Chitinrohr, das jedoch nicht überall dieselbe Gestalt hat, und auch nicht immer in seinen einzelnen Punkten einen geraden Verlauf einhält. Kurz nach seiner Verbindung mit der Stachelbasis nimmt es den kurzen Ausführungsgang einer kleinen kolbigen Drüse [a]) auf, worauf es dann sogleich fast horizontal einbiegt, um von da ab noch zwei bis drei Windungen bis zu seinem Uebergang in den Bulbus zu machen. Seine Lage in diesem vorderen Oesophagealabschnitt ist eine excentrische. Bald ist es mehr dem Rücken, bald mehr der ventralen Seite genähert. Nur höchst selten korrespondieren seine Windungen mit der des Schlauches, oft übertrifft er diesen sogar beträchtlich an Länge. Dass dieser innere Chitinkanal überhaupt einen ziemlich losen Zusammenhang mit dem Schlauche, dem er zugehört, besitzt, davon kann man sich überzeugen, wenn der Stachel seine rhythmischen Stösse ausführt. Das Rohr folgt dann diesen Bewegungen, indem es sich unter Abflachung seiner schraubenförmigen Windungen weit ausstreckt, indess der ihn umhüllende Schlauch nur geringen Antheil daran nimmt, sich nur wenig dehnt. Im Bulbus kommt es wieder zu einer centralen Lage, die es auch im dritten Abschnitt bewahrt; in letzterem wird der Kanal bedeutend enger und schwerer sichtbar.

Was den histologischen Bau des Oesophagus anbelangt, so ist auch dieser in manchen Punkten von dem der übrigen Nematoden verschieden. In der vorderen Abtheilung besteht er aus einer protoplasmatischen Substanz, in welcher dunkele und grobe Körner in reichlicher Menge eingestreut sind, zwischen

a) Taf. 1. Fig. 1.

denen sich wiederum eine ziemliche Anzahl grosser Kerne findet. Eine fibrilläre Textur, wie sie sonst diesem Abschnitt vielfach zukommt, lässt sich niemals bemerken, wie ich denn im Einklang damit auch nie hier eine Contraktion zu beobachten vermochte. Dagegen kann man am kugeligen Bulbus Muskelfibrillen unterscheiden und deren Thätigkeit auf's Schönste sehen. Untersucht man diesen Theil des Oesophagus auf einem optischen Längsschnitte, so fällt neben diesen Fibrillen vor allem im Centrum ein ansehnlicher Chitinapparat auf, dessen drei zahnartige Vorsprünge von Zeit zu Zeit klappende Bewegungen ausführen. Anfangs hielt ich diese Zähne für solide Körper, die in Gestalt von Kugelsektoren in Winkeln von 60° zu einander gestellt seien; allein ein Querschnitt[a]) belehrte mich sehr bald, dass dieselben wie bei manchen anderen Nematoden einfache Chitinlamellen, blose Einfaltungen des innern, hier sich erweiternden Kanales darstellen, die das Bild einer dreistrahligen Sternfigur erzeugen. An die etwas concav nach innen gebogenen Seiten dieser Zahnleisten treten nun von dem Rande des Bulbus aus die erwähnten Fibrillen heran, und zwar so, dass die an den Kanten sich ansetzenden immer in kegelförmigen Bündeln angeordnet sind, während die anderen Fasern mehr parallel gegen die Flächen hinziehen: ein Verhalten gleich dem bei Strongylus und anderen. Durch ihre synchronen Contraktionen erweitern sie gleichmässig das Lumen und bewirken dadurch, dass der ganze Apparat wie eine Saugpumpe funktioniert. Der Raum zwischen den Chitinleisten und dem äusseren Rande wird jedoch nicht völlig von diesen Muskelfasern eingenommen, in den bleibenden Lücken finden sich vielmehr grobe Körner und, spärlich vertheilt, einige Kerne.

Wie der Vordertheil des Oesophagus, so charakterisiert sich auch der letzte Abschnitt histologisch durch den Mangel von Muskeln und durch körnige Beschaffenheit; daneben aber zeichnet er sich vor ersterem durch die Anwesenheit von auffallend grossen (0.008 mm) Kernen aus. Die Kerne[b]) liegen ohne Regel in der Plasmamasse. Soweit meine Beobachtungen reichen, übersteigt ihre Zahl nie mehr als 5, manchmal trifft man nur ihrer 2 oder 3. Öfter konnte ich bei einzelnen Individuen Formveränderungen an ihnen wahrnehmen, doch blieb mir deren Bedeutung unklar. Es bildeten sich dabei Dellen, die sich mehr oder minder tief einsenkten und nach kurzer Zeit wieder verschwanden.

Jedenfalls ist das Auftreten solcher Kerne — Bütschli[?]) beschreibt einen bei Tylenchus Askenasi und Davaine[a] bei Tylenchus tritici — in diesem Abschnitte des Oesophagus sehr bemerkenswerth. Es erinnert an ähnliche Bildungen, wie sie Leuckart[29] bei Cucullanus und einigen anderen Nematoden gefunden hat. Ein Zellenbau wie dort ist bei unserer Heterodera im ausgebildeten Zustande allerdings nicht mehr vorhanden, allein beim Embryo besteht er nachweislich, und wir brauchen uns nur, um den Vergleich aufrecht zu erhalten, vorzustellen, dass die Zellwände im Laufe der Zeit absorbiert wurden, um die spätere Bildung zu verstehen. Auf gleiche Weise liesse sich vielleicht auch die Existenz der zahlreichen Kerne im Vordertheile des Oesophagus erklären; denn auch er zeigt beim Embryo eine zellige Struktur. Die excentrische Lage des Chitinrohres mahnt uns zugleich an die gleiche Lagerung desselben Gebildes bei den Trichotracheliden, speziell der Trichina. Allein ein Vergleich dieses Abschnittes bei Heterodera mit dem jener interessanten Nematoden scheint mir desshalb gewagt, weil es kaum möglich sein dürfte, die kernhaltige Substanz mit dem Zellkörper von Trichina physiologisch in Uebereinstimmung zu bringen.[*]

―

a) Taf. 1. Fig. 12.   b) Taf. 1. Fig. 1.

*) Müller hat den Oesophagus der Heterodera radicicola auch einer Untersuchung gewürdigt, seine Struktur jedoch völlig verkannt. Von einem „nodulus", einer kropfartigen Auschwellung des Oesophagus dicht hinter der Stachelbasis und

Dem Oesophagus fügt sich der eigentliche Darm oder Chylusmagen,[a]) wie er auch benannt wird, an. Er bildet die bei weitem grösste Masse des ganzen Traktus und verläuft in Form eines Cylinders, ohne eine Schlinge zu machen, gestreckt durch die Leibeshöhle. Seine Breite ist allenthalben dieselbe und kommt derjenigen des letzten Oesophagealabschnittes gleich. Wie der gesammte Oesophagus, den er fast sechsmal an Länge übertrifft, wird er aussen von einer dünnen hellen Membran umgeben. Auf dieser sitzen in einfacher Lage polyedrische, ziemlich hohe Zellen auf, die auf ihrer in das Lumen ragenden Fläche wieder mit einer zarten Tunica propria, der Fortsetzung des inneren Oesophagealkanales, überkleidet sind. Diese Zellen sind stets von groben und glänzenden braunen Körnchen angefüllt, so dass es sehr schwierig ist, ihre Umrisse zu erkennen. Ich habe sie deutlich an gutgelungenen Zerzupfungspräparaten gesehen und konnte auch dann den Kern als einen hellen Fleck wahrnehmen. Welcher Natur diese Körnchen sind, vermag ich nicht bestimmt zu sagen. In Schwefeläther lösen sie sich nicht völlig auf und nach Behandlung mit Jod nehmen sie, wie Bütschli schon bemerkte, eine violette Färbung an. Aller Wahrscheinlichkeit nach sind sie stärke- oder eiweisshaltig, bergen wohl aber auch Fett.

An seinem hinteren Ende verjüngt sich der Darm sehr rasch und mündet in das Rektum. Letzteres ist bei Heterodera, wie bei allen kleinen Nematoden, sehr unansehnlich. Es stellt ein kurzes und enges Rohr dar, das schräg nach der Bauchseite läuft und sich sehr bald mit dem Ausführungsgang des männlichen Geschlechtsapparates zu einer gemeinsamen Kloake vereinigt. Gleich dem Darm wird auch er von einer festen chitinösen Membran aussen und innen bekleidet.

Das zweite Organsystem nun, welches die Leibeshöhle durchsetzt, ist der männliche Geschlechtsapparat. Bei unserer Heterodera präsentiert sich derselbe als ein einfacher Schlauch,[a]) der an der Bauchfläche unterhalb des Darmes bis über die Mitte des Körpers nach aufwärts zieht. Nach oben sich verschmälernd, endigt er dort schliesslich blind, während er sich nach unten zu einem kurzen Ausführungsgange verengt, der sich mit dem Mastdarme vereinigt. Abgesehen von seiner Verjüngung am oberen Ende besitzt er überall denselben Querschnitt. Er verläuft stets geraden Weges, zeigt keinerlei Schlingen oder Einschnürungen und bildet so ein ununterbrochenes Ganzes, das sich weder nach äusserlichen Merkmalen in gesonderte Abtheilungen trennen lässt, noch auch in histologischer Beziehung grosse Verschiedenheiten aufweist. Nur funktionell vermag man zwischen einem oberen Abschnitte, dem keimbereitenden Hoden, und einem unteren, dem Samenleiter, zu unterscheiden.

Eine Tunica propria dient auch hier als Begrenzungswand, und ihr folgt nach innen eine Epithellage. Die Elemente[b]) dieses Belages bestehen aus schmalen, langen Zellen, deren Hauptachsen den Längsachsen des Hodens parallel laufen. Im Profil gesehen erweisen sich dieselben als schlanke Gebilde. Sie erheben sich in der Mitte etwas buckelartig, zeigen dort in ihrem körnigen Plasma einen deutlichen Kern und spitzen sich nach vorn und hinten zu. Ihr Zusammenhang scheint, wenigstens seitlich, ein sehr lockerer zu sein, denn oft findet man zwischen ihnen ziemlich breite Lücken. Im Bau und in der Gestalt dieser Epithelzellen lassen sich an den einzelnen Regionen der Hodenröhre keine besonderen Unterschiede wahrnehmen; sie haben überall die gleiche Beschaffenheit. Nur muss noch hervorgehoben werden, dass man am blinden

---

einem „scheibenförmigen" Bulbus mit „musculus centralis" wird wohl bei dieser Art ebensowenig die Rede sein können, wie bei unserem Rübennematoden.

a) Taf. 1. Fig. 1.   b) Taf. 1. Fig. 8.

Ende eine Zelle antrifft, die diesem dicht anliegt und wohl ein Analogon der sogen. Terminalzelle des weiblichen Geschlechtsapparates bildet. Im unteren Abschnitte scheinen die Zellen etwas dichter aneinander zu liegen und dadurch eine mehr breite und kürzere Form anzunehmen.

Ueber die feinere Struktur des Ausführungsganges vermochte ich bei der Kleinheit des Objektes nichts in Erfahrung zu bringen. Er ist ein kurzer Kanal mit weitem Lumen, an dem man gewöhnlich eine Streifung bemerkt, die vom Samenleiter auf ihn übergeht und wohl auf das Vorhandensein einer Längsmuskulatur hindeutet.

Zu beiden Seiten der Kloake, jedoch nicht in einer Ebene damit, sondern mehr gegen den Rücken geneigt, liegen die für die männlichen Nematoden so charakteristischen Spicula. Bei unserer Heterodera stellen dieselben zwei gleichgestaltete und gleich lange (0,033 mm) gekrümmte Chitinlamellen dar.[a]) Sie beginnen an ihrem hinteren Ende mit einer ziemlich breiten und tiefen Rinne, die sich in der Mitte eines jeden Spiculum etwas abflacht und zugleich eine leichte Drehung nach aussen macht. In ihrem letzten Viertel biegen dieselben wieder gegen die Kloake ein und verlaufen dann abermals in Form einer Rinne bis an die eingekerbte Spitze. Ihre der Körperwand zugekehrten Flächen haben an den Rändern stets einen verdickten Saum. Immer sind die Aussenenden einander genähert und ragen gewöhnlich aus dem warzenartig etwas vorspringenden After heraus. Die Vorderenden dagegen lassen einen ziemlich weiten Raum zwischen sich, so dass die beiden Spicula meist einen Winkel von 45e bilden. Sicht man näher zu, so vermag man auch die Penistasche zu erkennen, allerdings wenig deutlich. Sie liegt anscheinend den Spiculis dicht an, ist glashell und hat die Form eines schmalen Sackes.

Als Bewegungsapparat[b]) der Spicula fungieren zwei Muskelpaare. Das eine entspringt an deren Wurzel und geht schräg nach oben gegen die Körperwand, das andere Paar läuft eine Strecke an den Spiculis entlang und inseriert sich gleichfalls auf dem Rücken mit breiter Basis. Ersteres Paar bewirkt durch seine Contraktionen ein Zurückziehen der Spicula, das zweite dagegen ein Vorstossen derselben. — Accessorische Stücke fehlen den Begattungswerkzeugen der Heterodera. Ebenso vermisst man, wie schon früher erwähnt, Papillen und Bursa.

Was nun die Bildung der Samenelemente anbelangt, so geschieht dieselbe in dem oberen Abschnitte der Geschlechtsröhre, die wir desshalb auch als den keimbereitenden Theil, den eigentlichen Hoden, bezeichnen können. In seinem äussersten blinden Ende findet sich eine zähflüssige, körnchenreiche Masse, die eine Menge Kerne in sich birgt. Bis beinahe hinauf in die Spitze ist jeder Kern bereits von einem mehr oder weniger mächtigen Protoplasmahof umgeben, der gegen die angrenzenden ziemlich deutlich sich abhebt. Bringt man den oberen Hodentheil zum Platzen, so zeigt sich, dass die Ballen nicht lose neben einander liegen, sondern durch eine centrale Masse in Verbindung stehen. Dieser axiale Strang, um den sie sich gruppieren, ist die sogen. Rhachis. Sie besteht aus einer Säule von zähem Protoplasma mit zahlreichen Körnchen, und ihr haften mit breiter Basis dicht zusammengedrängt die Ballen an. Manchmal trifft man solche Ballen in Theilung. Öfter sah ich eine Zweitheilung, aber nur selten einen Zerfall in vier Theilstücke. Die Vermehrung scheint eine sehr lebhafte zu sein, und die Lösung der Keime sehr frühe anzuheben; denn ausser den um die Rhachis gestellten findet man bis in das letzte obere Drittel der

a) Taf. 1. Fig. 5.   b) Taf. 1. Fig. 1.

Hodenröhre hinauf völlig freie, allerdings noch unreife Samenkörperchen in zwei oder drei Lagen. Dieselben haben hier noch das grobkörnige Aussehen, das sie weiter nach unten rasch verlieren. Im Samenleiter treten sie uns dann in ihrer definitiven Form als reife Spermatozoen entgegen. In solcher Gestalt präsentieren sie sich als kugelige, hüllenlose Körperchen [a]), die an der Peripherie einen platten, ovalen, starkglänzenden Kern tragen. Ihr Protoplasma ist völlig hyalin, nur in der Nähe des Kernes zeigen sich zumeist kleine, hellere Körnchen. In diesem Zustande werden sie aus dem prall gefüllten Samenleiter bei der Begattung entleert. Wie ich mich überzeugt habe, erleiden sie auch in den Geschlechtswegen des Weibchens keine weitere Umbildung. Ihre Wanderung bis zur Samentasche und weiter bis in den Ovidukt ist eine aktive, sie erfolgt durch selbständige Bewegungen, durch Pseudopodien. Um dieses anziehende Phänomen beobachten zu können, isoliert man am besten die Spermatozoen. Ich habe sie zu diesem Zwecke in eine $\frac{1}{2}$procent. Kochsalzlösung gebracht, wobei ich zur Verhütung einer stärkeren Concentration von Zeit zu Zeit die verdampfte Flüssigkeit durch destilliertes Wasser ersetzte. Unter solchen Kautelen gelang es mir, dieselben oft zwei Stunden lebendig zu erhalten und ihr Pseudopodienspiel zu verfolgen. Schon bei nicht völlig entwickelten Samenkörperchen vermag man das Vorstrecken und Wiedereinziehen, das peitschenförmige Schlagen dieser Fortsätze wahrzunehmen; am schönsten aber zeigen die ausgebildeten, reifen diese Bewegungen, mögen sie dem unteren Abschnitte des Hodens oder dem Receptaculum entstammen.

Die Formveränderung ist eine äusserst mannichfaltige, und mit vollem Rechte hat man sie mit der einer Amöbe verglichen. Die Länge der Pseudopodien übersteigt nicht selten das sechs- und siebenfache des eigentlichen Plasmakörpers (ca. 0,004 mm). Oft ragen sie dann wie starre, dünne Stäbe in gerader Linie nach aussen vor, so dass sie z. B. von Davaine[1]) bei Tylenchus tritici in der That als „aiguilles" angesprochen wurden. Mitunter erscheinen sie als breite und stumpfe Fortsätze, dann wieder sind sie spitz und schwellen in ihrem Verlaufe oft mehrfach knotenartig an; bald befinden sie sich in grosser Agilität, verzweigen sich sogar und bilden Anastomosen, bald ruhen sie eine geraume Zeit und erlangen erst nach und nach ihre Beweglichkeit wieder [b]).

So tastend kriechen die Spermatozoen an den Uteruswänden entlang in die Samentasche und höher, bis sie auf ein noch hüllenloses Ei treffen, um dasselbe zu befruchten.

Die Organisation des Weibchens.

Wie der umbildende Einfluss des Parasitismus sich oft nur beim Weibchen äussert, dann aber meist in excessivem Maasse hervortritt, so hat auch wohl das Schmarotzerleben an dem weiblichen Rübennematoden so wesentliche Veränderungen hervorgerufen, dass, wie bereits früher gesagt, auf den ersten Blick seine Zugehörigkeit zu dem schlanken, agilen Männchen kaum wahrscheinlich erscheint. Schon am Anfang unserer

---

a) Taf. 1. Fig. 7 b.   b) Taf. 1. Fig. 7 c—g.

Darstellung haben wir Gelegenheit genommen, auf den Parallelismus hinzuweisen, der in dieser Beziehung zwischen Heterodera, Allantonema und Tetrameres besteht. Hier wie dort hat das Weibchen im Einklange mit seiner parasitären Lebensweise — und Allantonema ist als protandrischer Hermaphrodit ja die längste Zeit seines Daseins ein weibliches Geschöpf — die äusseren Kriterien eines Nematoden verloren. Es ist sessil und unbeweglich zu einem wurstförmigen oder kugeligen, plumpen Gebilde geworden. Die Ursache dieser auffallenden Turgescenz liegt bei Allantonema wie bei Tetrameres hauptsächlich in der ausserordentlichen Massenentwicklung seines Genitalapparates, während bei unserer Heterodera noch der Umstand, dass das Mutterthier später als Brutkapsel die Nachkommenschaft vor Unbilden zu schützen hat, neben der gleichfalls starken Produktivität an Keimen maassgebend für die gewaltige Schwellung des Körpers ist.

Seiner Gestalt nach kann man das Weibchen[a]) von Heterodera Schachtii am besten, wie das Schmidt schon gethan, mit einer Citrone vergleichen, deren beide Pole etwas ausgezogen sind. Der eine dieser Fortsätze setzt sich ziemlich scharf gegen den übrigen Leib ab, hat die Form eines Flaschenhalses und trägt in seiner Spitze einen deutlichen Stachel, durch den er sich sogleich als das Kopfende des Thieres dokumentiert. Der andere Fortsatz dagegen zeigt keine so deutliche Abschnürung, sondern verjüngt sich ganz allmählich zu einer zapfenförmigen Hervorragung, die an ihrem Ende einen senkrecht zur Medianebene des Thieres gestellten Spalt, den Vulvaspalt, besitzt. Die Grösse des Weibchens variiert zwischen 0,8 mm und 1,3 mm. Die Breite misst dementsprechend 0,6 oder 0,5 bis 0,9 mm. Die Hauptmasse des aufgetriebenen Leibes hat das Aussehen eines Ovoïdes, dessen Begrenzungsflächen jedoch nicht allenthalben dieselben Krümmungen aufweisen. Die eine, weniger gekrümmte, Fläche ist als Bauchfläche durch den in ihrer Mittellinie gelegenen Porus excretorius leicht kenntlich, während die andere, mehr oder minder stark convex gebogene, die Rückenfläche darstellt. Sehen wir uns nach der Lage des Afters um, damit wir uns über das Hinterende genügend orientieren, so treffen wir denselben auf der dorsalen Seite ganz in der Nähe der Vulva. Diese sonderbare Stellung ist die Folge einer Dislocation, auf die wir später eingehender zurückkommen werden: denn ursprünglich befindet sich der After, wie bei allen Nematoden, auf der Bauchseite. Ein eigentliches Schwanzende existiert also beim Weibchen nicht: der Bauch geht kontinuierlich in den Rücken über. Die Farbe der weiblichen Heterodera ist ein gelbliches Weiss, so dass es schon desshalb unmöglich wird, sich ohne Zerzupfung oder anderweitige Präparationen eine Einsicht in dessen Organisation zu verschaffen.

Die äussere Bedeckung wird, wie beim Männchen, von einer Cuticula gebildet, die in die drei charakteristischen Schichten zerfällt[b]). Sie besitzt jedoch eine weit bedeutendere Dicke, und ist infolgedessen auch weniger elastisch und biegsam; nur am Vorder- und Hinterende wird sie schmächtiger und verliert dort auch ihre undurchsichtige Beschaffenheit. Im Gegensatze zum Männchen fehlt ihr jene ausgezeichnete Ringelung; dafür aber ist die Oberfläche mit feinen Vorsprüngen und Höckerchen bedeckt, die der Haut ein eigenthümliches granuliertes Aussehen geben. Diese Protuberanzen halten meist eine horizontale Richtung ein, aber bei ihrer nicht ganz regelmässigen Vertheilung ordnen sie sich in mannigfaltig geformte Züge; sie verschlingen sich unter einander und treten bald mehr, bald weniger dicht

a) Taf. 1. Fig. 9.   b) Taf. 1. Fig. 13.

4

zusammen, so dass man auf Flächenpräparaten oft eine Skulptur zu sehen bekommt, die lebhaft an Arabesken erinnert. Gegen die Pole hin weichen diese Erhebungen etwas auseinander; sie werden höher und verschmelzen zu wagrecht ziehenden, scharfkantigen Leistchen, die der Querstreifung beim Männchen dann sehr ähneln. Der Sitz dieser Skulptur ist die äussere Lage der Cuticula, die den ganzen Körper gleichmässig überzieht und immer dieselbe unbeträchtliche Dicke und dieselbe homogene Beschaffenheit bewahrt. Sie färbt sich gleichfalls intensiv und hat, auf Schnitten gesehen, durch ihre Spitzen und Stacheln einen zickzackförmigen Verlauf. Ihr folgt die zweite, durch die radiäre Strichelung ausgezeichnete Lage, die sich in nichts von der gleichen Schicht beim Männchen unterscheidet. Nur die dritte Abtheilung weicht durch ihre Entwicklung etwas ab, indem sie die beiden ersten um das Dreifache an Dicke überragt. Im Aequator ist diese Dickenausdehnung am stärksten, an den Polen nimmt sie indessen wieder ab.

Die bei dem Männchen schon aussen an der Cuticula leicht auffallenden Längslinien lassen sich an der Haut des Weibchens äusserlich nicht erkennen. Es nimmt auch, wie es scheint, die Cuticula an ihrer Bildung so gut wie keinen Antheil. Dass sie aber trotzdem, wenn auch sehr schwach entwickelt, nicht ganz fehlen, zeigt am besten ein Querschnitt. Auf einem solchen Schnitte überzeugt man sich, dass die unter der Cuticula hinziehende spärliche Subcuticularschicht sich an den Seiten zu einem sehr flachen, allerdings wenig deutlichen Wulst erhebt, der nach innen ·etwas vorspringt. Diese kleinen Wülste haben keine Grenzmembranen und keine besonders ausgeprägten Formen; sie lassen sich überhaupt vom Aequator des Thieres aus nur schwer nach vorn und hinten verfolgen. Dennoch darf man sie wohl, wenigstens ihrer Lage nach, als den Längslinien des Männchens analoge Gebilde bezeichnen.

Die Existenz eines Exkretionsorganes steht dagegen ausser Zweifel. Dasselbe stellt einen dünnen, häutigen Kanal dar, der auch hier an der linken Seite nach aufwärts steigt, dann sich unter einem mässigen Bogen gegen die Bauchfläche wendet und in deren Mitte mit einem runden Porus excretorius [a]) ausmündet. Das vordere Ende ist dabei in Form eines Bechers erweitert und von der äusseren Schicht der Cuticula ausgekleidet. Wie das Exkretionsgefäss beim Männchen, so hat es auch beim Weibchen nur einen losen Zusammenhang mit der Subcuticula.

Medianlinien konnte ich nicht auffinden.

Den Hautschlauch vervollständigt auch hier eine Muskellage. Allein dieselbe hat in den verschiedenen Altersstufen des Weibchens eine sehr verschiedene Ausbildung. Bei älteren Individuen, wo mit der regeren Eibildung fast alle Organe zu degeneriren beginnen, findet man keine Spur von Muskeln mehr; in einem etwas jüngeren Stadium glaube ich hier und da noch muskelähnliche Gebilde gesehen zu haben; in ihrem ganzen Zusammenhange traf ich sie aber nur bei erst wenig turgescierenden Weibchen, obwohl auch bei diesen schon eine völlige Bewegungslosigkeit eingetreten war. Die einzelnen Elemente, welche den Muskelbelag zu Stande bringen, haben dieselbe Form und Gestalt, wie beim Männchen. Es sind spindelförmige Zellen mit einem deutlichen Kern, die eine kontraktile und eine Mark-Masse unterscheiden lassen. Mit ihren zugespitzten Enden schieben sie sich wie dort in einander und stehen unter sich in fester Verbindung. Natürlich ist die Zahl der Muskelzellen, die auf einem Querschnitt liegen, je nach der Stelle, durch welchen man diesen gelegt hat, eine wechselnde. Auf einem Aequatorialschnitt ist ihre Zahl am

a) Taf. 1. Fig. 11.

beträchtlichsten, nach den Polen nimmt diese jedoch und, wie ich beobachtet habe, auch ihre Grösse ab. Ihrer Anordnung nach scheinen sie vier Felder zu bilden, von denen zwei auf der Bauchseite und zwei auf der Rückenseite gelegen sind. Ganz klar bin ich mir aber über diesen Punkt nicht geworden. Flächenpräparate gaben mir hierüber keinen genügenden Aufschluss.

Ueber den Schlundring des Weibchens lässt sich nichts anderes sagen, als was schon von dem gleichen Gebilde des Männchens mitgetheilt worden ist. Lage, Form und Bau zeigen dasselbe Verhalten.

Die Leibeshöhle ist beim Weibchen gemäss seiner kugeligen Gestalt sehr weit, doch wird ihr Lumen noch mehr als beim Männchen von dem Digestions- und Genitalapparat in Anspruch genommen. Besonders erfahren die Geschlechtsorgane im Laufe der Zeit eine solche Ausbildung, dass selbst der Darmtraktus stellenweise eingedrückt und aus seiner Lage verschoben wird. Da, wo zwischen den beiden Organsystemen noch kleine Spalträume bestehen, werden diese gewöhnlich wieder von Körnchen und Kügelchen erfüllt.

Der Darmtraktus folgt hinsichtlich seiner Gestalt der äusseren Form des Weibchens und gliedert sich in die drei bekannten Abschnitte.

Die Kopfkappe, die das Vorderende des Männchens so gut charakterisiert, fehlt hier, an ihrer Stelle befindet sich nur ein ringförmiger Chitinwulst[a], der die runde Mundöffnung umgiebt und ohne scharfe Abgrenzung in die Cuticula des Leibes übergeht. Die Mundhöhle zeigt wesentlich dieselben Verhältnisse wie beim männlichen Thiere. Sie ist cylindrisch, wird von der äusseren Haut überzogen und erweitert sich nach hinten birnförmig. Der sich in ihrem Lumen auf- und abschiebende Stachel[b] wird gleichfalls von ihr eine Strecke weit nach aufwärts begleitet. Letzterer weist beim Weibchen einige Verschiedenheiten auf. Er ist kleiner (0,027 mm lang) und schmächtiger und verjüngt sich sehr rasch gegen seine Spitze. Seine Wandungen sind dünner und elastischer. Ausserdem setzen sich die drei knopfförmigen Verdickungen durch ziemlich tiefe Einschnürungen seitlich scharf gegen einander ab. Von diesen Knoten gehen auf den Stachel selbst anfangs breite und hohe, gegen das Ende hin sich aber verschmälernde Wülste über, so dass auf der äusseren Stachelwand eine Art Kannelierung entsteht, und der Querschnitt des ganzen Gebildes ein dreilappiges Aussehen gewinnt. — Der Muskelapparat, der diesen Stachel bewegt, ist wie beim Männchen angeordnet; er besteht aus vier Paar Muskelzügen, von denen zwei ihn in Gestalt einer bulbösen Masse umhüllen, während die beiden anderen wiederum schräg, und zwar in entgegengesetzter Richtung, gegen die Körperwand ziehen.

An die Stachelbasis schliesst sich auch hier der Oesophagus an, der den grössten Theil des halsförmigen Kopfendes, das immer gegen den Rücken gekrümmt ist, mit seiner Masse erfüllt. Der vordere Abschnitt ist gedrungener, kürzer und breiter als beim Männchen. Derselbe verläuft ziemlich gestreckt, ohne besondere Windungen zu machen, zeigt histologisch aber kein verschiedenes Verhalten. Das innere Chitinrohr ist mit dem hohlen Stachel fest verwachsen und nimmt hinter dessen Basis gleichfalls den Ausführungsgang einer kleinen, kolbigen Drüse auf; seine Lage ist eine mehr centrale. — Der Bulbus zeichnet sich ebenso wenig vor dem des Männchens aus. Er hat eine kugelige Form. In der Mitte treffen wir auf die drei wohl ausgebildeten Zahnvorsprünge, und an diese treten die Muskelfasern in radiärer Richtung von der Aussenwand heran. — Die dritte Abtheilung ist beim Weibchen geringer entwickelt und

a) Taf. 1. Fig. 11.   b) Taf. 1. Fig. 14.

1*

nicht immer deutlich zu erkennen. Bei denjenigen Individuen, bei denen sie sich schärfer markiert, bemerkt man stets in ihr die grossen Kerne, meist in einer Zahl von 2 oder 3.

Der eigentliche Darm[a]) ist ein gewaltiger Sack von sehr beträchtlicher Weite. Meist lässt er zwischen sich und der Körperwand einen sehr spärlichen Raum, so dass der Genitalschlauch aus Mangel an Platz sich in ihn hineindrückt und dadurch eine Veränderung der Form hervorruft, die ihm normaler Weise nicht zukommt. Von dem Oesophagus setzt er sich nicht scharf ab, sondern er erweitert sich ganz allmählich trichterförmig, und erreicht seinen grössten Durchmesser in der Aecquatorialebene des Thieres. Von da ab verengt er sich wieder nach und nach, doch senkt er sich vor seinem Uebergange in den Mastdarm noch einmal in einem ziemlich starken Bogen gegen die Vulva. Diese Ausbuchtung liegt immer auf der ventralen Fläche. — Seine histologische Struktur ist der des männlichen Darmes fast gleich. Die äussere Hülle besteht aus einer dünnen, feinen Membran, und dieser sitzt nach innen wiederum ein Epithelium auf, das sich aus ziemlich flachen, polygonalen Zellen zusammensetzt. Wegen des trüben körnigen Inhaltes kann man die Contouren der Zellen und den Kern jedoch nur schwer wahrnehmen. Gewöhnlich erscheint der Zellenbelag als ein Ueberzug von dunkelen, gehäuften Körnern.

Ueber den feineren Bau des Mastdarmes vermochte ich ebensowenig wie beim Männchen eingehendere Beobachtungen zu machen. Er ist ein kleines, ganz kurzes und enges Rohr, das aussen und innen von einer chitinigen Haut bedeckt ist und mit einer ovalen Analöffnung ausmündet.

Der weibliche Geschlechtsapparat[b]) nun wird, wie bei der Mehrzahl der Nematoden, von zwei Schläuchen gebildet, die kurz vor ihrer Mündung sich zu einem gemeinsamen Endstücke vereinigen. Die beiden Röhren stimmen in ihrem Baue und ihrer Gestalt vollkommen überein. Sie sind symmetrisch und erreichen bei unserer Heterodera eine Länge, die die Gesammtlänge des Thieres um das sechs-, ja siebenfache übersteigt. Selbstverständlich vermögen sie bei einer derartigen Ausdehnung eine gerade Richtung nicht einzuhalten, vielmehr müssen sie nothwendig Biegungen und Schlängelungen machen. Nachdem sich der Apparat in zwei Schläuche gespalten hat, gehen letztere gewöhnlich erst eine kleine Strecke nach aufwärts, steigen dann wieder nach unten, biegen darauf abermals nach oben, und erzeugen so in ihrem Verlaufe eine Reihe völlig unregelmässig gelagerter Schlingen, mit denen sie die ventrale und dorsale Seite des Darmes umspinnen. Ihre blinden Enden liegen meist nicht weit von einander entfernt, in der Höhe des Porus excretorius, jedoch wechselnd, bald dem Rücken, bald dem Bauche zugekehrt. — An jedem der Schläuche[c]) lassen sich histologisch wie physiologisch drei Abtheilungen unterscheiden, das Ovarium, der Oviduct und der Uterus. Zwischen die beiden letzteren schiebt sich noch das Receptaculum seminis ein. Als unpaares Stück schliesst sich den Röhren dann noch die Scheide an.

Diese Scheide oder Vagina, um von ihr zuerst zu sprechen, beginnt mit der Geschlechtsöffnung, einer breiten, von wulstigen Lippen umgebenen Spalte am Hinterende des Körpers. Sie besteht aus einem weiten Kanale, der von der Fortsetzung der Cuticula begrenzt wird. Meistens ist derselbe kollabiert und hat dann ein faltiges Aussehen. Einen Epithelbelag und eine Ringmuskulatur, wie sie sonst der Scheide zukommen, kann man nicht nachweisen, dagegen inserieren sich äusserlich an der unteren Partie der Vagina Muskelzüge, die schräg nach oben gegen die Körperwand ziehen und durch ihre Kontraktionen ein Öffnen

---

a) Taf. 1. Fig. 11. b) Taf. 1. Fig. 15. u. Fig. 16. c) Taf. 1. Fig. 16.

oder Schliessen der Vulva bewirken.[a]) — Die Uebergangsstelle der Scheide in den Uterus ist von aussen nicht zu bemerken, denn die Cuticularmembran setzt sich ohne Unterbrechung von der Vagina auf ihn und die übrigen Theile des Genitalschlauches fort. Nur die auf einmal sehr deutlich auftretenden Epithelzellen machen die Stelle kenntlich. Diese Zellen haben eine sechsseitige, langgestreckte Form. Ihr Inhalt besteht aus einem hellen, körnchenreichen Protoplasma, das einen grossen, runden Kern einschliesst. Ihre nach dem Lumen gerichtete Oberfläche ist stark gewölbt. Die grösste Ausdehnung besitzen die Zellen in der Quere. Sie ordnen sich in zwei Längsreihen[b]) und greifen mit den spitzen Winkeln ihrer kurzen Seiten alternierend in einander, wie Ähnliches an den Epithelzellen des Darmes bei zahlreichen Nematoden beobachtet wird. Das Lumen des Kanales ist dabei ziemlich weit und überall gleich. Bevor der Uterus in den Ovidukt übergeht, kommt es noch zur Bildung einer Samentasche, die nichts als eine sackartige Erweiterung des ersteren darstellt. Histologisch zeigt sie denselben Bau wie jener.

Ebenso unterscheidet sich der Eileiter[b]) hinsichtlich seiner Struktur nicht wesentlich vom Uterus. Da, wo er durch das Receptaculum mit demselben in Verbindung tritt, schnürt er sich ein Wenig ein, doch währt diese Verengung nur eine kurze Strecke, so dass er in seinem übrigen Verlaufe den gleichen Durchmesser zeigt. Auf dem Querschnitte trifft man stets drei Epithelzellen, die nach aussen ziemlich stark sich hervorwölben, und dadurch dem Ovidukte ein eigenthümliches Aussehen geben. Im Ovarium verschwindet der frühere Epithelbelag; statt der hohen, scharf kontourierten Zellen treten hier schmale, niedrige auf, welche in ihrer Form denjenigen des oberen Hodenabschnittes ganz analog sind. Sie verlaufen der Längsachse des Eierstockes parallel und erscheinen in der Profilansicht als Gebilde mit körnigem plasmatischen Inhalte und grossem Kerne, der mehr oder minder hügelig in das Lumen einspringt. Gegen das blinde Ende, an das sich die sog. Terminalzelle anschmiegt, werden sie immer flacher und flacher. Begrenzungslinien lassen sich nicht erkennen, wie denn überhaupt ihr Zusammenhang anscheinend ein sehr lockerer ist.

Die Eibildung erfolgt anfangs in ähnlicher Weise, wie die der Samenelemente. Im obersten Abschnitte des Ovariums findet sich eine körnchenreiche, zähe Substanz, welche die in beträchtlicher Anzahl vorhandenen Kerne in Gestalt rundlicher Ballen umhüllt. Diese Ballen stehen durch einen dünnen, axialen Protoplasmastrang, die Rhachis, mit einander in Verbindung. Letztere hat nur einen kurzen Verlauf; denn gegen das Ende des Eierstockes trifft man keine Spur mehr von ihr, statt dessen aber losgelöste freie Eikeime, die bereits beträchtlich an Grösse zugenommen haben. Durch die Aufnahme der bis an die Spitze des Ovariums reichlich vorhandenen Dotterpartikelchen verlieren sie allmählich ihre Durchsichtigkeit. Im Ovidukt werden sie so opak, dass man das Keimbläschen nur als einen hellen Fleck durchschimmern sieht. Anfänglich dicht zusammengedrängt und von kugeliger Gestalt, treten sie gegen das Ende des Eileiters infolge ihrer Volumenzunahme hinter einander und erscheinen dann, durch Druck von oben und unten abgeplattet, als kleine gleichhohe Cylinder. Weiter nach vorn runden sich die jungen Eier jedoch bald wieder ab; dabei trennen sie sich von einander und gleiten, nachdem sie noch eine ganz zarte helle Protoplasmaschicht um sich gebildet, in die Samentasche. Dort werden sie von den Spermatozoon befruchtet, die das Receptaculum in grosser Menge erfüllen. Manchmal geschieht dieser Akt auch schon früher, im Endstücke des Oviduktes, wo man nicht selten den stets noch hüllenlosen Eiern Samenkörperchen

---

a) Taf. 1. Fig. 15 u. 16.   b) Taf. 1. Fig. 16.

aufsitzen sieht. Erst wenn die Eier in den Uterus gelangt sind, kondensiert sich die erwähnte Protoplasmaschicht zu einer dünnen, glashellen Dotterhaut, wie dies u. A. auch Natanson [25]) bei Oxyuris beobachtete. Nicht lange nachher gesellt sich zu dieser noch die äussere bräunliche Schale als ein Produkt des Uterusepithels. Jetzt, sobald das Ei befruchtet und von seinen beiden Hüllen umschlossen ist, beginnt auch sogleich die Entwickelung, die wir im nächsten Kapitel eingehender verfolgen wollen.

Bevor wir aber dazu übergehen, muss ich bei der Darstellung der Organisation des Weibchens noch dreier accessorischer Bildungen gedenken, die bereits Schmidt beobachtete und als „Eiersack", „Kopffutteral" und „subkrystallinische Schicht" beschrieb.

Die Bezeichnung „Eiersack" [a]) ist für das erste dieser Gebilde nicht ganz richtig, da wir es hier keineswegs mit einer einen Hohlraum umschliessenden Haut zu thun haben. Dasselbe präsentiert sich vielmehr als eine solide, farblose, durchsichtige Masse, die in Gestalt eines unregelmässig geformten, rundlichen Pfropfens der Vulva anhaftet und oft eine solche Ausdehnung erfährt, dass sein Volumen dem des ganzen Thieres nahezu gleichkommt. Die Substanz, aus welcher dieser Pfropf besteht, hat eine gallertige Beschaffenheit; sie ist elastisch und vermag jedem Drucke sich zu fügen. Gewöhnlich liegen im Innern des Pfropfens Eier in mehr oder minder beträchtlicher Anzahl und in den verschiedensten Entwicklungsstadien eingebettet; doch ist dies nicht immer der Fall. Bei wenig turgescierenden Weibchen vermisst man dies Gebilde durchgehends, erst wenn die Samentasche mit Spermatozoen erfüllt ist, und die Produktion der Eier nach der Befruchtung sehr lebhaft zu werden beginnt, sieht man an den Rändern der Vulva eine anfangs dünne Gallertschicht auftreten, die sich nach und nach immer mehr und mehr zu jenem Pfropfe vergrössert.

Ich vermag in dieser Gallertsubstanz nichts anderes als ein erhärtetes Sekret zu erblicken, das aus der Geschlechtsöffnung für sich allein oder bei der Entleerung der Eier ausfliesst. Selbstständige Drüsen, die etwa in die Vagina oder das Uterusende einmündeten, und als deren Produkt diese Absonderung angesehen werden könnte, vermochte ich allerdings nicht nachzuweisen; indessen glaube ich nicht fehl zu gehen, wenn ich der Epithellage des Uterusendes selbst eine Absonderungsfunktion zuschreibe. Eine direkte Beobachtung, die diese Annahme zu bestätigen im Stande wäre, habe ich nicht gemacht; das, was ich dafür geltend machen kann, ist das Aussehen, der pralle, körnige Inhalt der letzten Uteruszellen, der auf eine drüsige Natur hinweist. Soviel steht jedenfalls fest, dass dieses Sekret dem Genitalschlauche entstammt, denn bei einer anderen Annahme wüsste ich mir das Auftreten der Eier in dem soliden Pfropfe nicht zu erklären.

Was die Bedeutung des Gebildes anbelangt, so dient dasselbe sicherlich als eine Schutzeinrichtung, um die entleerten Eier vor äusseren schädlichen Einflüssen zu hüten und dann wohl auch das Eindringen von Pilzsporen oder anderweitigen Feinden zu verhindern. Zuweilen findet man an oder in dem Pfropf auch Residuen des abgestorbenen Männchens, das gewöhnlich gleich nach der Begattung zu Grunde geht. Das Vorkommen dieser Reste bedarf nach dem oben Gesagten wohl kaum einer besonderen Erklärung. Bei Heterodera radicicola, bei der das Hinterende des Weibchens nicht frei aus der Wurzel hervorragt, sondern das ganze Thier von der Galle umschlossen wird, fehlt der „Eiersack."

---

a) Taf. 1 Fig. 10.

Das sogen. Kopffutteral[a]) besteht gleichfalls aus einer gallertigen Schichte in Form von Tropfen, die das Kopfende des Weibchens oft derartig einhüllen, dass nur eine kleine Öffnung an der Spitze frei bleibt, um den Bewegungen des Stachels einen Spielraum zu lassen. Die Farbe dieser Gallerte ist je nach der Rübe, welcher das Weibchen ansitzt, verschieden, bald röthlich, bald gelblich. Bisweilen ist die Masse überhaupt farblos.

Schon dieser letztere Umstand genügt, um uns zu überzeugen, das dieses Kopffutteral nicht ein Produkt des Thieres selbst ist, sondern eine Absonderung der Rübe. — Hinsichtlich seiner Entstehung meint Schmidt, es sei nichts als überschüssiges Nahrungsmaterial, das von dem Weibchen ausgespieen worden wäre. Allein wir brauchen gar nicht zu einer solchen Hypothese unsere Zuflucht zu nehmen, denn vermuthlich reicht der dauernde Reiz, den der Stachel auf das umliegende Pflanzengewebe ausübt, vollkommen aus, die Bildung des Kopffutterals aus einer direkten Saftsekretion der Rübe herzuleiten.

Die subkrystallinische Schicht[b]) endlich ist ein dünner Ueberzug, der die Körperoberfläche regellos mit mehr oder weniger grosser Unterbrechung bedeckt. Bald liegt er derselben ziemlich fest auf, bald hängt er in Fetzen lose an ihr herunter. Untersucht man seine Struktur näher, so ergiebt sich, dass er aus kleinen oder grösseren Schüppchen oder Plättchen zusammengesetzt ist, die bezüglich ihrer Beschaffenheit eine auffallende Aehnlichkeit mit der äusseren Cuticularbekleidung des Thieres besitzen. Sie sind glashell und tragen oft Höckerchen und Leistchen. Schmidt hält diese Schicht für ein Exsudat des Weibchens; aber abgesehen davon, dass zur Bestätigung dieser Anschauung erst ein Nachweis von drüsigen Elementen des Integumentes geliefert werden müsste, ist es gar nicht nöthig, zu solchen Erklärungsversuchen zu greifen. Die Sache liegt viel näher. Ihrem ganzen Aussehen und ihrer Lage nach ist diese Schicht nämlich nichts als die alte Larvenhaut des Weibchens, die infolge der Bewegungslosigkeit des letzteren nicht abgestreift werden konnte und nun so lange dem Körper anhaftet, bis sie sich durch äussere mechanische Einwirkungen stückweise loslöst.

Die Embryonalentwicklung.

Der klare Einblick, den man bei vielen Nematodeneiern in die ersten Entwicklungsvorgänge gewinnt, hat schon frühe die Forscher veranlasst, sich gerade ihrer bei embryologischen Untersuchungen zu bedienen, so dass wir über diesen Gegenstand eine ziemlich beträchtliche Reihe von Arbeiten besitzen. Insbesondere ist es die Furchung gewesen, die von vornherein näher studirt wurde, während wir über die Organogenie erst in den letzten 15 Jahren durch die Abhandlungen von Bütschli,[7]) Goette,[14]) und Hallez[15]) einige Kunde erhielten.

Wie sich schon aus der verschiedenartigen Beschaffenheit der Eischale und dem mehr oder minder grossen Dotterreichthum erschliessen lässt, eignen sich übrigens nicht die Eier aller Spezies zu derartigen Beobachtungen, und leider gehört auch das Ei von Heterodera, trotz seines relativ bedeutenden Umfanges,

a) Taf. I Fig. 17.   b) Taf. I Fig. 9.

zu den für entwicklungsgeschichtliche Studien sehr wenig günstigen Objekten. Während bei den meisten Nematoden die Dotterelemente sehr bald unter einander verschmelzen, und der Einhalt sich dadurch aufhellt, behalten erstere bei Heterodera während des ganzen Klüftungsprozesses und der Anlage der Keimblätter ihre sehr ansehnliche Grösse. Infolge dieses Umstandes wird man nicht nur verhindert, die so interessante Kernmetamorphose zu verfolgen, es werden auch schon nach kurzer Zeit die Kontouren der Furchungszellen so undeutlich, dass man sich über deren ferneres Schicksal kaum genügenden Aufschluss verschaffen kann.

Meine Mittheilungen wären desshalb in diesem Abschnitte auf ganz spärliche Daten beschränkt geblieben, wenn sich mir nicht Gelegenheit geboten hätte, die Entwicklung von Ascaris nigrovenosa und theilweise von Strongylus paradoxus zu verfolgen, und so durch Vergleiche einige Punkte in der Embryologie von Heterodera festzustellen, die mir früher bei der Ungunst des Objektes entgangen waren.

Alle Eier von Heterodera, mit Ausnahme der wenigen, die mit dem Gallertpfropfe entleert werden, durchlaufen ihre Entwicklung innerhalb des mütterlichen Körpers. Wir können demgemäss unsere Heterodera als einen viviparen Nematoden bezeichnen, denn auch die in dem „Sacke" eingeschlossenen bleiben durch diesen normaler Weise immer mit dem Mutterleibe in Verbindung.

Nachdem das Ei befruchtet worden ist und sich mit einer festen Schale umgeben hat, nimmt sogleich, wie schon erwähnt, die Entwicklung ihren Anfang, so dass man im ganzen Verlaufe des Uterus Eier in den verschiedensten Stadien der Umbildung antrifft. Wie es den Anschein hat, platzt der Uterus an seinem unteren Ende schon sehr frühe; denn sobald die Produktion der Eier sehr lebhaft wird, und ein Theil seinen Weg nach aussen genommen hat, finden sich schon einzelne Eier in der Leibeshöhle, die an Zahl nun so rasch zunehmen, dass sie die Eingeweide durch ihre Masse aus der Lage rücken. Darm und Muskulatur degeneriren schliesslich, und das Thier stirbt, wenn der Genitalapparat sich erschöpft hat, ab, so dass es mit seiner Chitinhülle nur noch eine Brutkapsel darstellt, die in ihrem Innern eine wechselnde Zahl von Eiern (im Durchschnitt 300—350) birgt. [a])

Wenn man die ausserordentliche Fertilität der meisten Parasiten in Betracht zieht, so muss bei unserem Schmarotzer, der so grosse Verheerungen anzurichten vermag, die relativ geringe Menge der Eier auf den ersten Blick überraschen. Vergegenwärtigt man sich jedoch die Lebensweise der Heterodera, so findet diese Erscheinung in den günstigen natürlichen Existenzbedingungen leicht eine Erklärung. Denn nicht nur, dass die mütterliche Hülle die jungen Keime vor allen Unbilden schützt und dadurch die Wahrscheinlichkeit, dass die meisten ihre definitive Ausbildung erreichen, eine grosse wird; auch das Leben der Larven wird kaum von bedeutenden Gefahren bedroht, da die Wanderung durch die Erde bei der reichlichen Menge von Nährpflanzen schon an und für sich eine kurze ist. Während sich bei den meisten Parasiten jene oft enorme Fruchtbarkeit durch die Verminderung der Brut, eine Folge der vielfach störenden Zufälle, wieder ausgleicht, wird hier die geringere Menge von Eiern durch die günstigeren Bedingungen für das Fortkommen kompensiert.

Im ausgebildeten Zustande hat das Ei von Heterodera [b]) die Form einer Bohne oder Niere. Es misst 0,08 mm in der Länge und 0,04 in der Breite. Die eine Seite, die spätere Bauchseite des Embryo, ist schwach konkav nach innen gebogen, die andere etwas konvex nach aussen emporgewölbt. Die beiden Pole besitzen gleiche Gestalt und haben eine starke Rundung. Stets lassen sich zwei Eihäute deutlich unterscheiden, einmal die dem Inhalte eng anliegende Dotterhaut und zweitens die wesentlich festere Schalenhaut. Erstere ist eine sehr dünne glashelle Membran, letztere ist etwas derber, gelblich gefärbt, sonst aber homogen und ohne irgendwelche Skulpturen. Der Inhalt selbst besteht aus grossen, bräunlich-gelben Dotterkugeln, die so dicht zusammengedrängt sind, dass man die Umrisse des Keimbläschens nicht zu sehen vermag.

Da das Ei im Mutterleibe oder in dem anhängenden Gallertpfropfe sich entwickelt, ist seine geringere Widerstandsfähigkeit gegen direkte äussere Einflüsse von vorn herein begreiflich. Setzt man das dem mütterlichen Körper entnommene Ei der Kälte aus, wie ich es gethan, so geht es ebenso unfehlbar zu Grunde, wie wenn man eine Wärme von mehr als 25° Cels. direkt auf dasselbe einwirken lässt. Es stirbt schon nach kurzer Zeit in verdünntem Alkohol (10%), in einem Gemisch von Glycerin und Wasser, in einer 3procent. Salzlösung oder in einer schwachen Pikrin- und Chromsäurelösung. Auch im Wasser verliert es sehr bald seine Entwicklungsfähigkeit, und ebensowenig ist es im Stande, ein Austrocknen auf dem Objektträger zu überdauern. Hinsichtlich des Wassers scheinen sich übrigens die verschiedenen Altersstufen verschieden zu verhalten. Eier, die noch in Furchung begriffen sind, gehen darin sehr bald zu Grunde, solche, die dagegen schon ältere Embryonen einschliessen, entwickeln sich normal, bis die jungen Würmer ausschlüpfen.

Etwas mehr Resistenzfähigkeit zeigen die Eier, wenn die mütterliche Hülle sie noch umschliesst, allein schon eine geringe Kälte, höhere Wärme und alle oben angeführten Reagentien und noch andere, wie Kalkwasser, Alaunlösung, führen, wenn sie eine längere Zeit direkt einwirken, zu demselben Resultate, dem Tode. Unumgänglich nothwendig ist ihnen eine bestimmte Menge von Feuchtigkeit und Wärme, die sie unter natürlichen Verhältnissen auch kaum entbehren. Ein Austrocknen vermögen die Eier weder innerhalb noch ausserhalb der Brutkapsel zu ertragen. Um zu meinen Untersuchungen die Eier möglichst lange lebendig zu erhalten, brachte ich dieselben in eine 3/4procent. Kochsalzlösung, in der die Entwicklung völlig normal von Statten ging.

Die ersten Veränderungen, die am Eie vor sich gehen, bestehen, nachdem die Dottermasse sich von der Schale etwas zurückgezogen hat, in eigenthümlichen amöboiden Bewegungen des Eiinhaltes, wobei sich bald hier, bald dort, meist in der Nähe der Pole, kleine unregelmässige Erhebungen zeigen, welche die anliegende Dotterhaut vor sich hertreiben. Sind diese Protuberanzen wieder verschwunden, und das währt nicht lange, dann beginnt die Metamorphose des Kernes.

Bei der Grobkörnigkeit und vollkommenen Undurchsichtigkeit des Dotters ist es mir aber trotz Anwendung von Glycerin und Essigsäure nicht möglich gewesen, diesen Vorgang klar zu Gesicht zu bekommen; doch ist es mir nicht zweifelhaft, dass der Vorgang in der gleichen Weise ablaufen wird, wie bei anderen Nematoden, wo er so eingehend von Auerbach und Bütschli studirt wurde.

Das, was ich bei Heterodera hierüber ermitteln konnte, ist folgendes. Der Kern, der als heller Fleck bis dahin sichtbar war, verschwindet sehr bald, und statt seiner erscheint ein schmaler Streifen, der in der Längsachse des Eies hinzieht und an seinen beiden Enden jetzt gleichfalls eine lichtere Stelle zum Vorscheine kommen lässt. Hat man ein günstiges Objekt vor Augen, so bemerkt man, dass sich dieser Streifen aus einer

Anzahl dünner plasmatischer Fäden zusammensetzt, die in der Mitte etwas auseinanderweichen, während sie nach vorn und hinten konvergieren. Eine Verdickung der Fäden im Aequator zu einer Aequatorialplatte und eine Strahlenfigur an den Enden der Kernspindel liess sich der Undeutlichkeit der ganzen Erscheinung wegen nicht nachweisen, obwohl ich davon überzeugt bin, dass sie, die nie fehlen, und die ich bei Ascaris wie Strongylus sehr hübsch beobachten konnte, auch hier vorhanden sind. Sehr klar sieht man aber immer nach diesem Prozesse ein Richtungskörperchen[a] auftreten. Dasselbe, von ovaler Gestalt, liegt nie an einem der beiden Pole, sondern stets an der konkaven Seite des Eies, da, wo nunmehr sich die erste Furche zeigt. Zu derselben Zeit entsteht nämlich an jener Stelle eine kleine Grube, die, anfangs seicht, sich immer mehr vertieft, bis sie mit einer Einbuchtung auf der entgegengesetzten Seite sich vereinigt und ringförmig zuletzt die gesammte Dottermasse in zwei Theile zerfällt. Die beiden so entstandenen Furchungskugeln haben beinahe stets dasselbe Volumen, oder weichen in ihrer Grösse doch so unbedeutend von einander ab, dass die diesbezügliche Differenz erst bei ganz genauem Zusehen auffällt.[b]) Goette[14]) sowohl wie Hallez[15]) haben neuerdings die Behauptung aufgestellt, dass die beiden ersten Furchungskugeln nicht nur quantitativ, sondern auch qualitativ verschieden seien, dass mit ihrem Auftreten schon eine morphologische Differenzierung zu Stande gekommen sei, indem aus der einen, gewöhnlich der grösseren, sich das Ektoderm, aus der anderen, meist der kleineren, das Entoderm hervorbilde. Habe ich auch nicht häufig Gelegenheit gehabt, der Segmentation des Eies unserer Heterodera soweit folgen zu können, als es für die Beurtheilung dieses Punktes nothwendig erscheint, so vermag ich doch nach diesen wenigen Fällen und mit Bezugnahme auf meine Beobachtungen bei Strongylus die Richtigkeit dieser Anschauung zu bestätigen. Hier wie dort geht nicht nur aus dem einen Theilstücke das Ektoderm und aus dem anderen das Entoderm hervor, sondern beide stimmen auch in topologischer Hinsicht insofern überein, als das eine durch seine Lage das spätere Kopfende, das andere das spätere Schwanzende des Embryo bezeichnet.

Weniger jedoch vermag ich Hallez[15]) beizupflichten, wenn er meint, die Furchung erfolge bei allen Nematoden, ja bei allen Thieren, nach einer Schablone, insofern als die Furchungskugeln zu einander immer ein und dieselbe Stellung einnähmen. Gewiss leuchtet es Jedermann ein, dass, wenn in einem gegebenen Raume eine fast gleich grosse Masse allmählich in eine Summe von Theilstücken zerfällt, und diese darnach wieder in mehrere Schichten sich gruppieren sollen, nothwendig eine Dislokation derselben stattfinden muss; dass aber dieser Zerfall immer und überall in der gleichen Weise vor sich gehen müsse, lässt sich ohne Weiteres nicht einsehen. Würdigt man bei den Nematoden die Begrenzungswände des Eies einer Berücksichtigung, so kann man sich angesichts der daran zu beobachtenden Mannigfaltigkeit in Gestalt, Grösse und Festigkeit nicht der Meinung entschlagen, dass diese Hüllen, je nach Form und Rigidität, die Lagerung der Furchungskugeln zu beeinflussen vermöchten. Und in der That sprechen unbefangene Beobachtungen ganz zu deren Gunsten. Die Gestalt der Eischale bei Heterodera ist nicht rund oder oval, wie beispielsweise bei Ascaris lumbricoides und mystax, sondern beträchtlich in die Länge gestreckt; dadurch ist der Raum seitlich hier weit mehr beschränkt als dort, und infolge dessen ist auch die Lagerung der Kugeln nicht die gleiche, wie bei jenen Rundwürmern. — Schon bei dem nächsten Stadium, das auf den Zerfall in 2 Blastomeren folgt, bei der Dreitheilung[c]), zeigt sich dies ganz deutlich. Hallez behauptet, dass

---

a) Taf. 2. Fig. 30.   b) Taf. 2. Fig. 34 u. 35.   c) Taf. 2. Fig. 36.

nach diesem Vorgange die drei Theilstücke sich derart zu einander stellten, dass eine T-förmige Figur zu Stande komme. Bei Heterodera ist dies nie der Fall: immer sind die beiden Furchungsebenen senkrecht zu der Längsachse des Eies gerichtet. Die Grösse der drei Kugeln ist natürlich, da sich nur eine der zwei ursprünglichen getheilt hat, verschieden. Eine Orientierungsperiode findet auch nicht statt: denn die Lagerung derselben bleibt solange konstant, bis durch eine erneute Einschnürung eine Viertheilung eintritt. In diesem Stadium [a]) kann die Stellung eine sehr wechselnde sein. Gewöhnlich läuft die dritte Ebene dann wieder parallel mit den beiden anderen, manchmal jedoch kommt es vor, dass die mittlere der Kugeln sich senkrecht zu den andern zwei theilt; nicht selten sogar rücken eine oder auch zwei aus ihrer axialen Lage und schieben sich seitlich über die anderen hinüber. Alle diese Fälle bestehen selbstständig neben einander, ohne dass der eine die Folge des anderen wäre, und ich kann, da ich die Bildung der Kugeln zu beobachten vermochte, in keinem der Bilder ein bloses Stadium der Orientierung erblicken. — Wie sich schon aus der mannigfachen Gruppierung der vier Theilstücke ergiebt, geht die Variation in der Lagerung der Kugeln mit fortschreitender Klüftung noch weiter. Meist theilen sich jetzt die den Polen zunächst gelegenen Stücke, und zwar beide zugleich oder die eine vor der anderen. Ebenso begegnet man auch Eiern, in denen nur die eine der Polkugeln und die ihr benachbarte eine Klüftung eingeht, während die beiden anderen noch eine zeitlang ihre frühere Gestalt und Grösse bewahren. Kurz es treten bei der Sechs-, Acht- und Zehntheilung so verschiedene Stellungen auf, dass es zu weit führen würde, alle Modifikationen eingehend zu schildern. In den beistehenden Abbildungen [b]) habe ich einige solcher Stadien darzustellen versucht.

Ist nun die gesammte Dottermasse durch eine inaequale Segmentation in eine Reihe Furchungsballen zerfallen, so zeigt es sich, dass die gegen die konvexe Schalenseite hin gelagerten an Zahl die der konkaven Seite zugekehrten wesentlich überwiegen. Erstere, Derivate der primären Ektodermkugel, sind infolge ihrer lebhafteren Proliferation bedeutend kleiner geworden, während letztere, Abkömmlinge der ersten Entodermkugel, sich langsamer theilten und dadurch einen beträchtlicheren Umfang bewahren. In ihrer Beschaffenheit gleichen sich noch alle vollkommen: noch immer ist der Reichthum an Dotterpartikeln überall so gross, und das zwischen diesen eingeschlossene Protoplasma so spärlich, dass durch die noch weiterschreitende Theilung der Inhalt des Eies immer dunkler und die Contouren der Segmente undeutlicher werden.

Unterwirft man ein solches Ei, das seine Klüftung nahezu vollendet hat, einer Betrachtung bei auffallendem Lichte, so gewahrt man, wie die grösseren Blastomeren nach und nach in dem Maasse verschwinden, als die kleineren sich über dieselben von der dorsalen Seite aus ausbreiten. Wie bei Ascaris nigrovenosa und Strongylus paradoxus sind es auch hier, bei Heterodera, zuerst die gegen das spätere Kopfende gelegenen ektodermalen Kugeln, welche sich gegen den Bauch hin umschlagen, und erst diesen folgen von den Seiten und dem entgegengesetzten Pole her die anderen nach. Der ganze Vorgang der Umhüllung verläuft in der Regel so rasch, dass es schwer hält, die Verwachsung der die Ektodermkappe begrenzenden Ränder auf der Bauchfläche zu beobachten. Soweit ich diesen Prozess verfolgen konnte, beginnt derselbe am hinteren Ende des Keimes und rückt von da in der ventralen Medianlinie nach vorn vor, wo zuletzt eine Lücke zurückbleibt, die, anfangs keilförmig und ziemlich gross, nachher zu einer kleinen, rundlichen Oeffnung sich verengt. Dass es übrigens wirklich der aborale Pol ist, an dem der Verschluss der äusseren Schicht zuerst stattfindet, beweisen jene durch eine stärkere Hervorwölbung charakterisierten Zellen, die Goette [14]) bereits bei Ascaris nigrovenosa beschrieb und, ohne ihnen mit Recht eine besondere morphologische Bedeutung zu vindicieren, „Schwanzzellen" benannte. [a]) Allerdings zeigen sich, wie ich mich zur Genüge überzeugen konnte, auch an dem Vorderende ähnliche Gebilde, allein ihre Prominenz ist keine so beträchtliche wie dort, und ausserdem sind sie nie wie jene in der Mehrzahl, sondern stets nur zu zweien vorhanden.

Das Stadium, welches der Embryo nach solchen Umformungen präsentiert, ist nichts anderes, als eine epibolische Gastrula oder, wie wir sie als solche besser bezeichnen können, eine Sterrogastrula. Jener rundliche Spalt bildet den Ueberrest des Prostoma, das ursprünglich, wenn auch nur ganz vorübergehend, sich über die gesammte ventrale Fläche ausdehnte. [b])

Deutlicher als früher lassen sich jetzt auch die beiden Keimblätter erkennen. Denn nicht nur, dass die Elemente der äusseren und der inneren Lage ihrem Volumen nach wesentlich verschieden sind, und in den Ektodermzellen das Protoplasma über die Dottertheilchen mehr und mehr prävaliert, auch die Art ihrer Zusammenfügung trägt bestimmte Unterschiede zur Schau. Während die Ektodermzellen eine polygonale Form angenommen haben und somit bereits einen epithelialen Charakter aufweisen, ist der grössere Theil der Entodermzellen in zwei Reihen angeordnet und zeigt eine bedeutende Streckung nach derjenigen Richtung, die parallel mit der Längsachse des Keimes verläuft. Eine Ausnahme hiervon machen in Bezug auf Aussehen und Lage ein Paar Zellen, die am Hinterende des Entoderms zwischen dieses und die Aussenschicht sich drängen, indem sie dadurch zugleich die ausserordentlich schmale Leibeshöhle an jener Stelle etwas erweitern. Ursprünglich in derselben Ebene gelegen, wie die übrigen Entodermelemente, haben sie sich bald, schon während des ektodermalen Umwachsungsprozesses, von diesen losgelöst und somit frühe eine gewisse Selbstständigkeit erlangt. Sie stellen die Urmesoblasten [c]) dar, die bestimmt sind, die mittlere Keimlage zu liefern. Goette war der erste, der dieselben bei Nematoden nachwies, doch sind sie bei anderen Thiergruppen bereits bekannt gewesen. Neuere Untersuchungen haben dargethan, dass dieselben überhaupt eine weite Verbreitung besitzen. Von Bedeutung und Interesse scheint es, wie das von anderen Forschern schon hervorgehoben wurde, dass sie von vornherein eine seitlich-symmetrische Stellung einhalten, die schon frühe eine Orientirung über die Körperebenen gestattet. Ueberall, wo sie auftreten, haben sie eine relativ gleiche Lagerung; immer lässt sich zwischen ihnen die Medianebene hindurch legen, die den Embryo in zwei spiegelbildlich adäquate Hälften spaltet.

Sobald mit der Anlage der Keimblätter die Bedingungen für die Ausbildung der einzelnen Organsysteme gegeben sind, geht deren Differenzirung sehr rasch vor sich. Das Prostom, [d]) das wir noch am Ende der Gastrulaperiode als eine kleine spaltartige Oeffnung beobachteten, schliesst sich schon nach kurzer Zeit durch Zusammenrücken seiner Ränder. Gleich danach kommt es am vorderen Theile des plumpen, walzenförmigen Embryo zur Bildung des Mundes. Der Ort, wo dieser in Gestalt eines flachen Grübchens erscheint, fällt mit der Verschlussstelle des Prostoms fast völlig zusammen. Die Ektodermzellen stülpen sich hier ein, indem sie diejenigen ihrer Elemente die das Prostom zuletzt begrenzten, vor sich

---

a) Taf. 2. Fig. 53.   b) Taf. 2. Fig. 51.   c) Taf. 2. Fig. 53.   d) Taf. 2. Fig. 52. u. Taf. 2. Fig. 51.

herschieben; sie wuchern gegen die grösseren, gelben, durchsichtigen Entodermzellen und erzeugen so einen Theil des Stomadaeum, die beiden vorderen Abschnitte des Oesophagus. Auch an dem Hinterende, das bereits durch eine stärkere Rundung sich vor dem Kopfende auszeichnet, und die charakteristischen Schwanzzellen nicht mehr erkennen lässt, zeigt sich eine kleine, wenig tiefgehende Invagination, die zur Bildung des Afters und des Rectum oder Proctodaeum führt. Die beiden ersten Abschnitte des Schlundrohres und der Mastdarm sind also bei Heterodera, und ebenso bei Strongylus, Derivate des Ektoderms, wie ich in Uebereinstimmung mit Natanson [25]) und Ganin [12]) gegen Goette betonen möchte, während der letzte Oesophagealabschnitt und der Mitteldarm dem Entoderme entspringen.

Die Leibeshöhle, die vorher kaum sichtbar war, und nur da, wo die Mesoblasten sich einlagerten, als ein feiner Spalt wahrzunehmen war, erhält nun gleichfalls, in dem Grade, wie die mittlere Keimschicht sich ausbreitet, ein beträchtlicheres Lumen. Zu dieser Zeit vermag man nämlich, weniger deutlich bei Heterodern, sehr klar dagegen bei Strongylus, zwei einreihige Streifen[a]) zu erkennen, die von den beiden Mesoblasten ausgehen und sich dicht an das Entoderm anschmiegen. Ihre Elemente haben eine grobkörnige Beschaffenheit, sind dunkel und anfangs nur in geringer Zahl (meist zu 6 oder 7 auf beiden Seiten) nachzuweisen.

Die Art und Weise, in welcher diese Streifen bei den Nematoden auftreten, und ihre Lagerung zu den beiden primären Blättern hat eine grosse Aehnlichkeit mit den Verhältnissen, die wir bei einigen Anneliden nach den Untersuchungen von Kowalevski, Hatschek u. A. kennen lernten. Wie dort, nehmen dieselben hier ihren Ursprung von zwei Zellen, die sich bald von der mittleren Keimschicht abspalten, um dann in derselben Gruppirung von hinten gegen den Mundpol vorzurücken. Allein gemäss dem wesentlich verschiedenen, metameren Baue der Gliederwürmer, ist das weitere Schicksal des Mesoderms ein anderes, als bei den Nematoden. Es liegt mir desshalb auch fern, mit diesem Hinweise mehr als eine gewisse Uebereinstimmung in dem ersten Entstehen der Streifen hervorheben zu wollen, zumal die gleiche Erscheinung auch bei ganz fernstehenden Thierklassen und Ordnungen nachweisbar ist.

Mit der Anlage des Mesoderms in Form zweier Stränge, des Darmes, dessen Zellen sich durch Quertheilung wesentlich vermehrt haben, und der aus dem Ektodermüberzuge bestehenden äusseren Körperwand, vertauscht der Embryo nun seine plumpe Form allmählich mit einer mehr schlanken, cylindrischen Gestalt. Er wächst zusehends, infolge der Proliferation des Ektoderms und einer gleichzeitigen Streckung der Entodermzellen, in die Länge. Da aber die Eischale ihm einen Widerstand entgegensetzt, wird er gezwungen, sich zusammenzuknicken. Die Biegung erfolgt immer nach der Bauchfläche, indem das Schwanzende sich gegen die Ventralseite umschlägt, während das noch keulenförmige Kopfende seine Lage an dem einen Pole beibehält. Je weiter die Längsdehnung fortschreitet, um so zahlreicher werden die Krümmungen, bis endlich der junge Wurm, nach Abschluss seiner Wachsthumsperiode, in drei oder vier Windungen aufgerollt in seiner Hülle liegt.[b]) Die Stellung, die diese Schlingen zu einander und zur Eischale einnehmen, ist ziemlich konstant. Trotz der unterdessen eingetretenen regen Beweglichkeit, wobei sich Kopf und Schwanz wechselnd bald nach oben, bald nach unten verschieben, laufen die Windungen meist mit der Längsachse des Eies parallel.

---

a) Taf. 2. Fig. 54.   b) Taf. 2. Fig. 55.

Hand in Hand mit diesen allgemeinen Wachsthumsvorgängen geht die Sonderung im Innern immer weiter. Wenn die verschiedenen Abschnitte des Darmes unter sich in Verbindung getreten sind, verschwinden auch die Mesodermstreifen, indem sie durch Vermehrung und Verschmelzung ihrer Elemente einer dicken Zellenmasse Platz machen, welche schliesslich die ganze Bauchfläche zwischen der äusseren und inneren Schicht einnimmt, und von da auf beiden Seiten gegen den Rücken vorrückt. Nach Analogie der entsprechenden Verhältnisse bei anderen Thierklassen könnte man mit einigem Rechte der Vermuthung Raum geben, dass sich dieselbe in die gesammte Muskulatur umbilde. Da jedoch der junge Wurm bereits mehr oder minder kräftige Bewegungen zeigt, wenn die Mesodermstreifen erst aus wenigen Zellen bestehen, so scheint die Annahme einer Betheiligung auch des Ektoderms am Aufbau des Muskelapparates nicht ausgeschlossen, schon desshalb nicht, weil wir noch jüngst durch Kleinenberg's Untersuchungen über Lepadorhynchus erfahren haben, dass bei diesem Anneliden, aller herkömmlichen Anschauung zuwider, das äussere Blatt an der Bildung der Muskulatur einen sehr wesentlichen Antheil nimmt. Den strikten Beweis freilich kann ich ebensowenig dafür beibringen, wie Goette, wenn dieser die Lokomotionsfähigkeit auf amöboïde Bewegungen des primitiven Ektoderms zurückzuführen sucht.

Die einzelnen Elemente der Mittelschicht entziehen sich mit deren grösserer Entfaltung fortan einer weiteren Beobachtung. Dagegen erscheinen jetzt zwei eigenthümliche Gebilde schärfer und deutlicher, die nahe der Mitte der Bauchwand zwischen Ekto- und Entoderm sich finden. Es erinnern diese Körper an ähnliche Zellen, die Ganin[17] bei Pelodera und Goette[18]) bei Ascaris nigrovenosa erwähnen. Wie dort haben sie bei Heterodera und auch bei Strongylus eine symmetrische Lage, und ebenso besitzen sie einen hellen granulierten Inhalt. Anfangs blieb mir das Wesen derselben verborgen, doch hat mich später ihre Genese wie ihr ferneres Schicksal belehrt, dass wir es in ihnen mit den Geschlechtszellen zu thun haben. Betrachtet man die Mesodermstreifen kurz nach ihrem Erscheinen mit einiger Sorgfalt, so bemerkt man, dass gewöhnlich auf beiden Seiten eine ihrer Zellen, meist die dritte oder vierte von den Mesoblasten aus, durch Rundung und Grösse vor den anderen sich auszeichnet. Diese beiden Gebilde scheiden sehr bald aus dem Verbande der Stränge aus, und kommen dann an die oben bezeichnete Stelle zu liegen, ohne dass sie zunächst eine weitere Veränderung erleiden. Nach und nach aber rücken sie näher an einander. Nicht lange darauf trifft man daselbst einen ovalen Körper, der in seinem hellen Protoplasma zwei deutliche Kerne einschliesst.[a]) Sowohl nach seiner Lage, die mit derjenigen der Genitalanlage des fertigen Thieres vollkommen identisch ist, wie im Hinblick auf den Umstand, dass ich auch in den jüngsten Stadien der letztern dieselbe Kernzahl vorfand, wird die Richtigkeit meiner Deutung kaum bezweifelt werden können.

Die mittlere Keimschicht ist also, wie wir sehen, als sekundäres Blatt nicht nur ihrer Entstehung nach die letzte, sondern auch diejenige, die sich am spätesten und am langsamsten differenzirt. Hat sich aber auch an ihr einmal die Sonderung der ursprünglichen Bestandtheile bis zu einem gewissen Grade vollzogen, dann beruhen die Vorgänge, die sich weiter noch am Embryo abspielen, hauptsächlich in der histogenetischen Ausbildung seiner Organe.

Was zunächst den Darmtraktus anbelangt, so grenzt dieser sich nunmehr schärfer ab. Falls die in der Leibeshöhle in Menge vertheilten dunkeln Körnchen es erlauben, lassen sich bei unserer Heterodera

---

a) Taf. 2. Fig. 57.

die drei Abtheilungen des Oesophagus sehr gut unterscheiden. Man gewahrt dann deutlich, dass das Oesophagealrohr keinen geraden Verlauf mehr hat, sondern einen geschlängelten, und erblickt in seinem Innern den korkzieherartig gewundenen, dreikantigen Chitinkanal. Am Vorderende tritt bald darauf der charakteristische Stachel auf. Anfangs bildet derselbe eine blose Verdickung des Chitinrohres, allmählich aber trennt er sich von diesem ab, indem er sich an seiner Basis kugelig verdickt. Diese Anschwellung spaltet sich dann wieder in drei Knöpfe, die hakenförmig nach oben, wie die Arme eines Ankers, gebogen sind. Der zweite Abschnitt des Oesophagus nimmt mit dem ersten zugleich seine bleibende Gestalt an: er erweist sich als ein kugeliger Bulbus mit centralem Zahnapparate und radiärgestellten Muskeln. In der dritten Abtheilung erscheinen nach und nach in der körneligen Masse die grossen Kerne, während die Zellwände, wie im Vordertheile, zu Grunde gehen. Der eigentliche Darm verändert sich im Verlaufe der Entwicklung sehr wenig. Seine Zellen werden kleiner, behalten aber ihre Farbe und Gestalt bei. Wie das gesammte Verdauungsrohr, umgiebt sich derselbe aussen mit einer hellen, chitinigen Membran. Auch der Mastdarm bewahrt im Ganzen seine Form: er bekleidet sich mit einer Chitinhaut und wird wesentlich enger, wobei sich seine Epithelelemente so sehr verkleinern, dass man sie nicht mehr nachweisen kann.

Mittlerweile hat auch die Ektodermanlage eine glatte elastische Cuticula um den immer schlanker werdenden Wurm abgeschieden. Man sieht dieselbe schon dann, wenn die Schwanzspitze sich eben erst umgeknickt hat, als eine äusserst feine, homogene und sehr nachgiebige Hülle der Körperwand anliegen. Nach und nach nimmt sie an Festigkeit zu. Nachdem die Differenzen im Körperdurchmesser sich ausgeglichen haben, tritt nicht nur ihre Querringelung deutlich hervor, sondern es erscheinen an den beiden Seiten auch die breiten Lateralfelder. Das Hinterende verändert sich zu einem konischen, ziemlich spitzen Schwanze, während am Vorderende, das seine keulenförmige Gestalt verloren hat, durch Einfaltung der Cuticula eine Kuppe, die Kopfkappe mit der in der Mitte gelegenen Mundöffnung, zu Stande kommt. Durch die pellucide Leibeshöhle kann man sich jetzt auch leicht von der Anwesenheit eines Exkretionsgefässes mit dem Porus excretorius auf der Medianlinie des Bauches überzeugen. Ebenso bemerkt man bei einiger Aufmerksamkeit den Schlundring dicht hinter dem Bulbus des Oesophagus. Ueber die Entstehung des ersteren Gebildes habe ich mir leider keinen Aufschluss verschaffen können; das letztere dagegen scheint aus einer ektodermalen Wucherung hervorzugehen, die sich kurz nach der Invagination der äusseren Schicht in Form eines ringförmigen breiten Wulstes um das vordere Darmrohr herumschlingt.

Was schliesslich die Genitalanlage betrifft, so habe ich mich über deren Zustandekommen schon ausgesprochen: ich will hier nur noch einmal bemerken, dass sie eine ovale Protoplasmamasse darstellt, die dem Tractus intestinalis auf der ventralen Seite anliegt und im Profile eine flache Wölbung gegen die Körperwand hin zeigt. Sie besitzt anfänglich zwei Kerne und ist von einer dünnen, aber deutlich sichtbaren Membran umschlossen.

Nachdem der Embryo auf diese Weise seine volle Ausbildung erlangt hat und mit allen Organen ausgerüstet ist, die ihn zu einem selbständigen Leben befähigen, wirft er zunächst noch, wie das auch bei anderen Arten beobachtet ist, die alte Cuticula ab, die oft am Kopfe und Schwanze wie ein Futteral hervorragt. Sind Feuchtigkeit und Wärme, die Hauptbedingungen für sein Fortkommen, vorhanden, so sprengt er unter lebhaften, schlängelnden Bewegungen die Eischale und gelangt darauf in das Innere der Mutter, die während seines Entstehens bereits über ihm abgestorben ist und ihn jetzt nur noch als Schutzhülle umgiebt. Hier verharrt der junge Wurm nur kurze Zeit; er schlüpft sehr bald durch die Vulva aus und macht dann als echter Schmarotzer innerhalb der Wurzel eine zweite Entwicklungsphase durch, vermöge deren er sich von der geschlechtslosen Larve zum Geschlechtsthiere umwandelt.

Die postembryonale Entwicklung.

Die postembryonale Entwicklung unserer Heterodera geschieht, wie die der meisten Nematoden, vermittelst einer Metamorphose. Allein während dieser Bildungsprozess gewöhnlich in ziemlich einfacher Weise verläuft, indem die geschlechtslosen Formen unter mehr oder minder zahlreichen Häutungen direkt in die geschlechtlichen Individuen übergeführt werden, gestaltet sich hier die Metamorphose wesentlich komplizierter. Denn nicht nur, dass wir aus den freilebenden beweglichen Larven eine weitere sessile und parasitäre Form hervorgehen sehen, auch die Art und Weise, wie sich aus dieser letzteren die Geschlechts-thiere hervorbilden, ist eine so eigenthümliche, dass wir uns vergeblich nach einem Analogon bei den übrigen Rundwürmern umschauen. Wie die nachfolgende Darstellung zeigt, entwickelt sich das Weibchen unserer Heterodera niemals über die zweite Jugendform hinaus. Es behält deren Charaktere in Bau und Lebens-weise bei, und kann demgemäss als ein Geschöpf aufgefasst werden, das bereits auf einer larvalen Stufe zur Geschlechtsreife gelangt ist und sich fortpflanzt. Beim Männchen vollzieht sich die Metamorphose anders und weniger einfach. Hier folgt auf die zweite Larve noch ein der Insektenpuppe vergleichbares Ruhe-stadium, und erst daraus entsteht das agile, schlanke Geschlechtsthier.

Die erste freilebende Larvenform,[a] der wir uns zunächst zuwenden, stellt ein kleines, ca. 0,36 mm. langes und 0,16 mm. dickes Würmchen dar, das die gewöhnliche cylindrische Nematodengestalt besitzt. Sein hinteres Ende läuft in eine ziemlich lange, hinten etwas abgerundete, kegelförmige Schwanzspitze aus; dem Vorderende hingegen sitzt die Kopfkappe auf, die in ihrem Baue mit derjenigen des Männchens völlig übereinstimmt. Die Cuticula ist schön geringelt und zeigt zwei breite Lateralfelder, deren linkes das ein-fache Exkretionsorgan aufnimmt. Durch die weite Leibeshöhle, die jedoch die Schwanzspitze nicht erreicht, sondern bereits in einer Entfernung von etwa 0,04 mm. davor endet, zieht gestreckt der Darmtraktus mit seinen drei Abschnitten, dem Oesophagus, dem eigentlichen Darme und dem Rectum. An seinem Anfange trägt derselbe einen Stachel,[a] der hier, bei der Larve, gemäss seiner Aufgabe eine sehr bedeutende Aus-bildung erfahren hat. Er hat durchschnittlich eine Grösse von 0,023 mm., ist hohl, verjüngt sich nach vorn und verdickt sich an seiner Basis zu drei deutlichen knopfförmigen Anschwellungen, die durch ihre haken-artigen Krümmungen nach oben von den entsprechenden Gebilden am Stachel des Männchens und Weibchens deutlich verschieden sind. In seinem morphologischen, wie histologischen Verhalten zeigt der Digestions-apparat sonst keine wesentlichen Differenzen von dem des männlichen Geschlechtsthieres. Nur mag hier hervorgehoben werden, dass das innere Chitinrohr des ersten Oesophagealtheiles noch mehr als beim

---

a) Taf. 1. Fig. 18.   b) Taf. 1. Fig. 20.

Männchen spiralig aufgewunden erscheint, und der Darm, wie bei anderen kleinen Nematoden, aus zwei Reihen Zellen zusammengesetzt ist, die durch das in ihnen angehäufte Dottermaterial ein glänzendes, gelbes Aussehen haben. Meist ist auch die Leibeshöhle mit runden, bräunlichen Körnchen erfüllt, so dass oft durch diese Trübung die Analyse der inneren Organisation erschwert wird. Besonders ansehnlich ist dieser Körnerreichthum, wenn die Larve eben erst die Eihülle verlassen hat: später dagegen verlieren sich die Körnchen mehr und mehr. — Was die Muskulatur anbelangt, so bestehen deren Elemente, wie später, aus spindelförmigen Zellen mit Mark- und kontraktiler Substanz, die in vier Feldern sich anordnen, und zu fünf in je einem solchen Felde auftreten. Der deutliche Schlundring liegt in Form eines gleichmässig breiten Bandes direkt hinter dem Bulbus. Den Porus excretorius trifft man in der Mittellinie des Bauches ungefähr in der Höhe des hinteren Oesophagealendes. Ebenso findet sich auch die Genitalanlage auf der ventralen Seite des Darmes etwas hinter der Körpermitte. Sie hat, wie schon früher bemerkt, eine ovale Gestalt und erweist sich als eine Protoplasmamasse mit ursprünglich zwei Kernen, die sich sehr bald zu einer grösseren Anzahl vermehren.

Die Larve hat somit eine grosse Uebereinstimmung mit dem ausgebildeten Männchen, wie denn überhaupt bei den dimorphen Nematoden das letztere gewöhnlich die Charaktere der geschlechtslosen Form weit mehr bewahrt, als das Weibchen. Nehmen wir von dem Genitalapparate Abstand, so bestehen die Unterschiede hauptsächlich in der Grösse, der Form des Schwanzes und der Gestalt des Stachels.

Die Zeit, in der unser so organisiertes Würmchen der mütterlichen Brutkapsel entschlüpft, hängt nicht allein, wie selbstverständlich, von der Ausbildung desselben ab, sondern auch von äusseren Umständen. Wärme und Feuchtigkeit scheinen die Hauptfaktoren für sein Wanderleben zu sein. Erst wenn diese Bedingungen erfüllt sind, verlässt es die schützende Hülle und windet sich unter schlängelnden Bewegungen, beständig den Stachel vor- und rückwärts stossend, durch die Erde, um eine geeignete Nährpflanze zur Weiterentwicklung aufzusuchen. — Bei dem hohen Interesse, welches man schon seit langer Zeit den Existenzbedingungen der Anguilluliden geschenkt hat, insbesondere auch der Fähigkeit einzelner Arten, nach dem Austrocknen wieder aufzuleben — eine Erscheinung, die zuerst von Baker 1775 bei Tylenchus tritici entdeckt wurde, und die Davaine[1]) später einer eingehenden Untersuchung unterwarf — hielt ich es für angemessen, auch den Rübennematoden auf diese merkwürdige Eigenschaft zu prüfen.

Unsere Heterodera ist im Gegensatz zu vielen kleinen Rundwürmern, die an Pflanzen schmarotzen, ein echter Wurzelparasit, der nur ganz kurze Zeit bei seiner Wanderung in der Erde verweilt, also nie direkt dem wechselnden Feuchtigkeitsgehalte der Atmosphäre ausgesetzt ist, vielmehr gewöhnlich in einem Medium lebt, dem eine gewisse Wassermenge zukommt. Wohl schon daraus lässt sich a priori erschliessen, dass, wenn dieselbe überhaupt dem Mangel an Feuchtigkeit zu trotzen vermag, diese Fähigkeit bei ihr an weit engere Grenzen gebunden sein wird, als bei ihren Verwandten. Und die Versuche scheinen das zu bestätigen.

In der Voraussetzung, dass die Anwendung einfacher Mittel mir schon genügende Aufklärung über diesen Punkt zu geben vermöchte, stand ich von der Benutzung einer Luftpumpe ab, zumal sehr eingehende derartige Untersuchungen eine längere Zeit erfordern, als die war, über welche ich verfügen konnte. Wie Pouchet bereits bei früheren anderweitigen Experimenten, bediente ich mich zunächst bei meinen Versuchen eines einfachen Objektträgers. Auf diesen brachte ich das sich lebhaft schlängelnde Würmchen mit einem Tropfen Wasser und liess die Flüssigkeit nun langsam so weit verdunsten, bis auch mit dem Mikroskope schliesslich keine Spur davon mehr nachzuweisen war. Würmchen, denen solcherart die Feuchtigkeit auf längere Dauer entzogen wurde, gelangten nie mehr zum Leben zurück. Bald stark gekrümmt, bald lang gestreckt lagen sie regungslos da; die Haut war gefaltet, an Stelle der Darmzellen war eine stark lichtbrechende, fettähnliche Substanz getreten. Dabei zeigten die Thiere infolge der allgemeinen Schrumpfung eine solche Brüchigkeit, dass es nur eines gelinden Druckes bedurfte, um sie in eine Anzahl Fragmente zerfallen zu sehen. Um den etwaigen Einfluss der Zeitdauer zu kontrolliren, bewahrte ich solche Präparate drei Wochen, selbst einen Monat auf; ich untersuchte sie nach 6, 4, 2 und 1 Stunde; immer konnte ich nichts, als den Tod der betreffenden Würmer konstatiren. Nur wenn ich nach kürzerer Frist das verdampfte Wasser durch neues ersetzte, kehrte Beweglichkeit und Leben allmählich wieder zurück. Einige weitere Experimente, in deren Verlauf ich die Larven theils in Uhrschälchen mit Erde setzte, theils in kleine Cylindergläser brachte, die eine Erdschicht von verschiedener Höhe enthielten, ergaben, sobald die Erde nach Wochen oder Tagen eine solche Trockenheit erlangt hatte, dass sie in pulverigen Staub zerfiel, dasselbe negative Resultat.

Ich vermag demnach, diesen Beobachtungen zufolge, für Heterodera die Fähigkeit, nach einem längeren Austrocknen wieder aufzuleben, nicht zu bestätigen; vielmehr erblicke ich in unseren Würmern Anguilluliden, für die nicht nur ein bestimmter Wassergehalt der Umgebung nothwendig ist, sondern bei denen das Minimum des Feuchtigkeitsbedürfnisses sogar ziemlich hoch gelegen ist.[*]

Ebensowenig wie der Feuchtigkeit, können die Larven der Wärme entbehren; natürlich darf dabei eine gewisse Grenze nach oben und unten nicht überschritten werden.

In meinen Zuchttöpfen fanden sich immer junge, lebenskräftige Würmer in Menge, obwohl dieselben meist einer ziemlich beträchtlichen Insolation ausgesetzt waren. Auch directe Versuche bewiesen mir, dass die Würmchen ohne irgendwelchen Schaden unter der Einwirkung einer Temperatur von 15—20° Cels. fortzuleben vermögen, während eine Wärme von 35° Cels., ganz wie jeder Kältegrad, dieselben tödtet. Gegen verschiedene Reagentien, deren Einfluss auf sie ich zu ermitteln suchte, verhielten sie sich gleichfalls sehr wenig resistent. Mineralsäuren, wie verdünnte Schwefel- und Salzsäure (1:100) brachten ihnen den Tod, nicht minder schwache Pikrinsäure-, Essigsäure- und Chromsäurelösungen, Lösungen von Kalk und Alaun und Gemische von Glycerin. Am besten ertrugen sie reines Wasser. Ich hielt sie darin über 5 Wochen lebendig, ohne dass sich ihre Zahl wesentlich vermindert hätte, wenn auch ihr Wachsthum aus Mangel einer anderweitigen Nahrungsquelle als der früher angehäuften Reservestoffe, keinen Fortschritt machte. In gleicher Weise gediehen sie in 1, 2 und selbst 3% Kochsalzlösung gut; in 5% dagegen starben sie bereits nach 2 Tagen ab.

—

[*] Es wäre gewiss eine ebenso dankbare, wie interessante Arbeit, die Untersuchungen über das Desiccationsvermögen einzelner Thiere (Nematoden, Tardigraden und Rotatorien) von neuem und auf breiterer Basis, als es bisher geschehen ist, zu wiederholen. Bei der grossen Rolle, welche das Wasser im Haushalt der Organismen spielt, ist es wohl selbstverständlich, dass ein absolutes Austrocknen ebenso tödtlich ist, wie ein totales Einfrieren. Es kann sich desshalb natürlich nur um eine periodische Trockenstarre handeln, in Correspondenz mit den ähnlichen Erscheinungen des Winter- und Sommerschlafes. Bis jetzt ist es noch nicht versucht worden, unter Berücksichtigung aller Nebenumstände, die Grenzen der unumgänglich nothwendigen Feuchtigkeitsmenge sowohl für die verschiedenen Arten, wie für die verschiedenen Altersstufen der Individuen genau festzustellen und etwa vormittelst eines Curvensystems anschaulich zu machen.

Wie sich hieraus ergiebt, besitzt also die Larve von Heterodera eine weit geringere Widerstandskraft, als z. B. das Weizenälchen, welches Davaine in dieser Hinsicht sehr eingehend untersuchte. Dieser Umstand hat jedoch nichts auffallendes, wenn man die verschiedene Lebensweise beider Würmer vergleicht. Anguillula tritici schmarotzt nicht wie Heterodera unterirdisch, sondern bewohnt bekanntlich die Aehren des Weizens. Zwar bieten die Aehrenhülsen ihm sicherlich einen wesentlichen Schutz vor mancherlei Unbilden, aber gerade dieser Aufenthaltsort bedingt eben auch wieder eine grössere Abhängigkeit von der Nährpflanze. Er setzt eine höhere Accomodationsfähigkeit an die Periodicität des Pflanzenlebens voraus, und diese besitzt das Aelchen in seinem beträchtlichen Desiccationsvermögen.

Ich selbst habe bei meinen Versuchen hinsichtlich des Rübennematoden vor allem den direkten Einfluss der oben erwähnten Reagentien vor Augen gehabt, und ich betone das, um einer etwa irrigen Meinung diesbezüglich vorzubeugen. Wenn ich mich gegen die Fähigkeit eines längeren Austrocknens aussprach, so habe ich nicht damit gesagt, dass jedwede Verminderung des Feuchtigkeitsgrades den Tod der Würmer herbeiführen müsse. In der Natur liegen ja auch die Verhältnisse anders, als bei unserem Experiment. Hier kommt es nie zu einer so hochgradigen Wasserentziehung, wie wir sie künstlich erzeugten. Stets von einer beträchtlich hohen Erdschicht bedeckt, sind die jungen Larven dem Wechsel von Feuchtigkeit und Wärme weniger ausgesetzt. Sie finden dort ein doppeltes Schutzmittel in der mütterlichen Chitin-kapsel, die sie bis zum günstigsten Zeitpunkt für die Wanderung birgt, und in der sie umhüllenden Erde selbst. Beide sind im Stande die unmittelbaren Einwirkungen mancher Schädlichkeiten zu verhindern, so dass es uns auch nicht Wunder zu nehmen braucht, wenn selbst starker Frost und grosse Hitze die Thiere wenig oder gar nicht berühren.

Doch verfolgen wir noch diesem Exkurs, den wir zur Eruirung der allgemeinen Lebenseigenschaften unternahmen, das fernere Schicksal unserer Larve!

Wenn dieselbe kürzere oder längere Zeit in der Erde sich aufgehalten hat, wobei sie ihre Nahrungsbedürfnisse theils von dem aus dem Ei mitgebrachten Dottermaterial, theils von der aufgenommenen körnigen, zähen Innenmasse des Mutterthieres bestritt, wandert sie endlich in die Nährpflanze ein. Meist ist es die Zuckerrübe, die unser Wurm wählt, wie aber Kühn [a]) nachgewiesen hat, giebt es noch eine sehr grosse Menge anderer Pflanzen, die mit mehr oder minder grosser Vorliebe gleichfalls heimgesucht werden. Sobald eine geeignete Seitenwurzel gefunden ist — gewöhnlich werden Wurzeln von 1 mm. Durchmesser, seltener solche von geringerer Dimension dazu benutzt — bringt die Larve durch die unausgesetzten Stossbewegungen des Stachels die derbe Epidermis der Pflanze zum Reissen, und nimmt dann ihren Weg fast stets in tangentialer Richtung durch das saftige, grosszellige Parenchym. Das centrale Leitbündel, das die Rübenwurzel der Länge nach durchzieht, bleibt dabei immer intakt, nur mit der Grössenzunahme des Thieres wird es aus seiner normalen Lage etwas auf die Seite gedrängt. Meist geschieht der Angriff in Masse, so dass die Wurzelfasern oft wie gespickt mit eindringenden Larven erscheinen. Sind letztere nach kurzem Wandern dicht unter der Rinde zur Ruhe gelangt, so machen sich schon nach kurzer Zeit sehr wesentliche Veränderungen geltend, die mit einer zweiten Häutung anheben. Die alte Chitin-

a Taf. 2 Fig. 32.

hülle wird abgestreift[a]), und der Wurm verliert seine schlanke Gestalt; er schwillt zu einem plumpen Gebilde an, das keinerlei Bewegungen mehr zu erkennen giebt.

Im Allgemeinen hat diese zweite Larvenform[b]) das Aussehen einer Flasche mit abgerundetem Boden und einem halsartig verjüngten Vordertheile. Der Durchmesser des Flaschenkörpers ist bis gegen das Hinterende beinahe überall derselbe, doch hält letzterer nicht immer einen geraden Verlauf ein, sondern biegt sich bald nach links, bald nach rechts; nicht selten findet sich sogar gegen die Mitte eine starke Einknickung[c]). Häufig sieht man auch dem Hintertheile die alte Larvenhaut noch anhaften, so dass es zuweilen den Anschein hat, als ob derselbe spitz zulaufe. — Mit dem äusseren Habitus ist auch die Organisation in manchen Stücken eine andere geworden. Die Kopfkappe ist geschwunden und an ihre Stelle ist ein kleiner Chitinwulst getreten, der die Mundöffnung ringförmig umgiebt. Die Cuticula hat mit der Turgescenz ihre Querringelung verloren und diese mit einer zarten Längsstreifung vertauscht. Von den breiten Lateralfeldern ist keine Spur mehr sichtbar. Auch am Darmtraktus haben sich einige Umbildungen vollzogen. Der alte Stachel ist zunächst durch einen neuen ersetzt worden, der an Stärke und Grösse hinter dem früheren zurücksteht, und sich weiter auch durch den Besitz von kugeligen, nicht mehr hakenförmig gekrümmten Verdickungen an der Basis auszeichnet. Der Oesophagus hat seinen Bau im wesentlichen beibehalten, dagegen ist der Darm zu einem weiten Sack geworden, der auf seiner Wandung nunmehr an Stelle der grossen glänzenden Zellen, kleinere körnchenreiche Zellen von polyedrischer Gestalt trägt. Die Chitinbekleidung des Mastdarmes hat sich, wie der vordere Theil des Exkretionsgefässes, gleichfalls erneuert. Der After ist endständig geworden, und der Porus excretorius hat die Gestalt eines Trichters angenommen. Die Muskeln lassen sich auf der Innenseite noch allenthalben nachweisen, aber bei der Sessilität hat ihre Funktion vollkommen aufgehört.

Nach und nach bauscht sich der Larvenkörper unter der reichlichen Nahrungsaufnahme immer stärker auf, sodass die Epidermis der Wurzel durch den wachsenden Druck allmählich nach aussen vorgewölbt wird, und das Thier als eine Art Cyste umhüllt.[d]) Als Galle lässt sich diese Bildung wohl kaum auffassen, da es niemals an derselben zu einer Gewebswucherung kommt, sondern immer nur zu einer starken Spannung der Zellenmembranen.

Bis zu dieser Zeit gleichen sich alle Individuen, sowohl in ihrer äusseren Gestalt, wie in ihrer Organisation. Die Genitalanlage hat freilich inzwischen eine merkliche Ausdehnung erfahren; sie hat, wie die Larve, an Länge und Breite zugenommen, aber eine wesentliche Umformung ist nicht eingetreten. Erst wenn die Anschwellung ein bestimmtes Maximum erreicht hat, beginnen sich bei beiden Geschlechtern Unterschiede nach aussen und innen geltend zu machen. Während bei einem Theile der Würmer — denjenigen, die sich zu Männchen umwandeln — das Wachsthum sistiert, schreitet bei den anderen die Turgescenz weiter fort. Bei diesen letzteren, welche sich sehr bald durch das Auftreten einer Vulva als Weibchen zu erkennen geben, geht die gestreckt bauchige Form jetzt rasch in eine kugelige über. Dabei setzt sich das halsförmige Vorderende gegen den übrigen Körper ziemlich scharf ab, indem es sich zugleich nach dem konvexeren Rücken hinkrümmt. Die Vulva[e]) stellt anfangs einen kleinen, halbmondartigen Spalt dar, der sich auf der ventralen Seite ganz in der Nähe des Afters findet. Mit der Grössenzunahme rückt

---

a) Taf. 1. Fig. 19.   b) Taf. 1. Fig. 21.   c) Taf. 1. Fig. 22.   d) Taf. 2. Fig. 28.   e) Taf. 1. Fig. 17.

dieselbe jedoch immer mehr an das Hinterende, wo sie nach und nach bedeutend sich aufwulstet und zapfenförmig vorspringt. Der After ist dieser Dislocierung gefolgt und liegt schliesslich auf dem Rücken. Hand in Hand damit nimmt die Genitalanlage auch ihre definitive Gestalt an. Sie streckt sich in die Länge und spaltet sich in ihrem oberen Theile durch eine tiefe Einsenkung in zwei Zipfel, die, zuerst gerade gestreckt, in kurzer Zeit zu vielfach gewundenen Genitalschläuchen auswachsen. Ursprünglich besteht der Inhalt dieser Zipfel aus einer Anzahl Kerne, die von einem hellen Protoplasma umschlossen werden. Mit der Längsdehnung indessen tritt bald eine Differenzierung dieser Elemente ein, und nicht lange, so lassen sich die drei Abschnitte, das Ovarium, der Eileiter und der Uterus, histologisch deutlich von einander unterscheiden, während der mit der Vulva in Verbindung stehende unpaare Theil jetzt als Vagina die Communikation des Geschlechtsapparates mit der Aussenwelt herstellt. Auch die anderen Organe haben theilweise ein verändertes Aussehen erhalten und ihre definitive Form erlangt. So hat sich die dünne Cuticula wesentlich verdickt und auf ihrer Oberfläche mit querziehenden bald hohen, bald niedrigen Höckerchen versehen, die regellos in einander übergehen. Gewöhnlich ist dieselbe noch mit der alten Haut bedeckt, die in Fetzen an ihr herabhängt und nichts anderes repräsentiert, als die Schmidt'sche subkrystallinische Schicht. Der Darm hat sich gleichfalls in Uebereinstimmung mit der kugeligen Form des Körpers zu einem gewaltigen Sacke erweitert und mit Nährmaterial derartig prall gefüllt, dass er das Lumen der Leibeshöhle fast gänzlich in Anspruch nimmt. Die übrigen Organe, der Stachel, der Oesophagealtheil des Darmtraktus, das Exkretionsgefäss, sind von diesen Veränderungen nicht berührt worden; nur hinsichtlich der Muskeln sei bemerkt, dass dieselben bei dem Mangel jeglicher Lokomotion degenerieren und schliesslich völlig zu Grunde gehen.

Bei der ausserordentlichen Turgescenz des weiblichen Thieres platzt nun auch sehr bald die Wurzelepidermis, die obwohl derb und elastisch, doch dem starken Drucke auf die Dauer nicht widerstehen kann. Das Weibchen tritt dann mit seinem Hinterende aus der Wurzel heraus, während der Kopftheil noch in dem Parenchym eingesenkt bleibt.[a]) In dieser Lage wird an demselben aller Wahrscheinlichkeit nach der Befruchtungsakt vollzogen, den zu beobachten mir leider nie geglückt ist.

Später, wenn die gesammten Organe zerfallen sind, und das Innere nur noch Eier und Larven birgt, fällt das zu einer bräunlichen, pelluciden Brutkapsel gewordene Mutterthier[b]) von der Wurzel ab, um in der Erde die Nachkommenschaft noch eine Zeit lang zu schützen.

Nicht selten kommt es übrigens gar nicht zu einem eigentlichen Entoparasitismus, besonders dann nicht, wenn die angegriffenen Würzelchen einen sehr geringen Umfang besitzen. Die Thierchen dringen in einem solchen Falle nur mit dem Kopftheile ein und machen ihre Umwandlung ausserhalb als Ektoparasiten[c]) durch. Die schädlichen Einwirkungen auf die Pflanzen bleiben, was kaum erwähnt zu werden braucht, natürlich dieselben.

Dass die Einwanderung nicht immer eine nothwendige Bedingung für die Entwicklung der Larven ist, glaube ich daraus schliessen zu dürfen, dass es mir gelungen ist, Larven, die ich in ein Gefäss mit humusreicher Erde ohne Pflanzen brachte, gleichfalls in ihre späteren Stadien überzuführen; ich fand in solchen Zuchtapparaten sowohl Weibchen von völlig kugeliger Gestalt, wie Männchen, die, fast fertig ausgebildet, in der flaschenartigen zweiten Larvenhülle eingeschlossen lagen.

—————

a) Taf. 2. Fig. 29.　　b) Taf. 2. Fig. 30.　　c) Taf. 2. Fig. 32.

Während die weiblichen Thiere nun, wie wir sahen, unter dauernder Vergrösserung ihres Volumens und ohne je die Nahrungsaufnahme zu unterbrechen, durch eine einfache Häutung aus der bewegungslosen, zweiten Larve direkt in die Geschlechtsform übergehen, verläuft der Bildungsprozess beim Männchen wesentlich anders. Zu einer bestimmten Zeit sistiert hier nämlich nicht blos das Wachsthum der Larve, sondern auch die weitere Zufuhr von Nahrungsmaterial. Anstatt dass aber jetzt, wie man nach der Entwicklung des Weibchens vermuthen könnte, die alte Hülle abgestossen wird, zieht sich der durch fettartige Kugeln stark getrübte Inhalt von der Chitinwand zurück, nachdem er sich selbst mit einer neuen dünnen und sehr nachgiebigen Membran umgeben hat.[a] Anfangs besitzt dieses im Innern liegende Gebilde noch eine plumpe Keulenform, gar bald indessen nimmt die Länge desselben auf Kosten der Breite zu, und die ganze Masse formt sich in kurzer Zeit zu einem ziemlich schlanken cylindrischen Wurme von allenthalben gleichem Körperdurchmesser.[b] Mit diesem Wachsthume hat auch die Verdunkelung durch die zahlreichen Kügelchen nachgelassen, so dass man im Stande ist, den Bau unseres Thieres unschwer zu überblicken und die Neubildungen zu verfolgen.

Zunächst bemerken wir, dass die Cuticula dicker geworden ist und ihre glatte Beschaffenheit verloren hat, indem sich nach und nach eine deutliche Querringelung ausprägte. Gleichzeitig bemerkt man das Auftreten der beiden Seitenfelder. Auf dem Vorderende bildet sich durch eine ringförmige Einschnürung die Kopfkappe, und an dem Hinterende trennt eine seichte Furche die Schwanzpartie von dem übrigen Körper. Was den Darmtraktus anbelangt, so hat sich der vordere Abschnitt desselben kaum verändert, nur der Stachel ist durch einen neuen, kräftigeren ersetzt worden. Derselbe stellt auch hier, wie ich schon bei der Larve hervorgehoben habe, anfangs eine blose Verdickung des inneren Oesophagenrohres dar. Seine Wandungen werden allmählich fester, und an seiner Basis erscheinen dann die drei charakteristischen Knöpfe. Der eigentliche Darmabschnitt hat mit der Längenausdehnung sein sackartiges Aussehen mit einer schlanken Cylinderform vertauscht. Natürlich haben sich damit auch die Zellen seines Epithels auf eine geringere Zahl reduciert. Mastdarm und der vordere Theil des Exkretionsgefässes sind wie der Stachel eine Häutung eingegangen.

Die wesentlichste Umbildung hat aber der Geschlechtsapparat erfahren. Die ursprüngliche Genitalanlage, die sich in nichts von der des Weibchens unterschied, ist unter lebhafter Vermehrung der Kerne, gleich dem Darme, zu einer schlanken Röhre ausgewachsen, die oben blind endet und unten sich mit dem Mastdarme vereinigt, wo in Form zweier anfänglich glasheller Chitinlamellen[c] die beiden Spicula sichtbar werden. Der Inhalt der Genitalröhre differenziert sich sehr rasch. Im oberen Abschnitte unterscheidet man rundliche, gekernte Protoplasmaballen, während weiter unten sich helle, kugelige Gebilde finden, die bereits ausgebildeten Spermatozoen.

Je distinkter nun aber die Gestalt unseres Wurmes geworden, und je weiter die Ausbildung seiner Organe fortgeschritten ist, umsomehr hat auch seine Längenausdehnung zugenommen. Anfangs hält der Wurm innerhalb der alten Larvenhaut — denn als solche müssen wir die äussere Hülle deuten — noch eine völlig gestreckte Lage ein, allein sehr bald beginnt er sich unter lebhaften Contractionen seiner Muskulatur zu schlängeln; er krümmt sein Schwanzende um[d] und biegt sich, bis er schliesslich in 3 oder

---

a) Taf. 1. Fig. 23.　　b) Taf. 1. Fig. 24.　　c) Taf. 1. Fig. 24 u. 25.　　d) Taf. 1. Fig. 25.

4 Schlingen, die unter den lebhaften Bewegungen eine sehr wechselnde Stellung zu einander einnehmen, gleich dem Embryo im Ei, in seiner Hülle aufgerollt liegt.[a]

Dieses Stadium des Männchens trifft man, wie das des Weibchens, im Innern der Wurzel.[b] Allein während das Weibchen durch seine Turgescenz die Epidermis zerreisst, bleibt hier die cystenartige, weit flachere Erhebung immer intakt und kommt nie infolge eines Druckes von Seiten der Puppenhülle zum Platzen. Erst wenn das fertige Männchen seine neue geringelte Haut abgestossen und darauf die schützende Larvenhülle an der Spitze gesprengt hat, wird die Epidermis der Wurzel von ihm durch die stetigen Bewegungen des Stachels durchbohrt. Das freigewordene Thier gelangt dann in die Erde und nimmt seinen Weg zum Weibchen, um dasselbe zu befruchten. Ist dieser Akt vollzogen, so geht es sehr bald zu Grunde. Dass man seine Ueberreste nicht selten später an oder in dem sogen. Eiersacke findet, ist schon oben erwähnt worden. Schmidt, der zuerst ein ausgebildetes Männchen in der alten Larvenhaut beobachtete, ohne seinen Bildungsprozess zu kennen, glaubte in dieser Hülle ein Aequivalent der bei vielen Nematoden vorkommenden Cystenbildung vor sich zu haben. Nach unserer Darstellung bedarf es kaum einer eingehenderen Zurückweisung dieser irrthümlichen Ansicht. Was Leuckart schon annahm, konnten Müller[*] und ich nur bestätigen.

Die Dauer der Umwandlung des Männchens beträgt gewöhnlich (unter günstigen Bedingungen) 5—6 Tage, manchmal auch nur 4 Tage. Die ganze Entwicklung vom Eie bis zu den geschlechtsreifen Thieren verläuft, soweit ich feststellen konnte, meist in 4—5 Wochen, so dass, da dieselbe bereits im Frühjahre anhebt, im Zeitraume eines Jahres eine ganze Reihe von Generationen (6—7) auf einander folgen. Während der Fortpflanzungsperiode ist das numerische Verhältniss von Mann und Weib dasselbe; man trifft dann beide in gleicher Zahl. Später dagegen finden sich die Männchen nur noch vereinzelt, da sie nach dem Begattungsgeschäfte, wie gesagt, bald absterben, — ein Umstand, der es auch erklärlich macht, dass bei vielen kleinen Nematoden letztere noch unbekannt geblieben sind.

Die Nachkommenschaft, welche ein einziges Pärchen innerhalb eines Jahres hervorzubringen vermag, ist, wie eine einfache Berechnung lehrt, eine ganz ausserordentlich grosse. Nimmt man an, dass von einem Weibchen durchschnittlich 300 Embryonen erzeugt werden, und dass letztere sich zur Hälfte wieder zu weiblichen Thieren entwickeln, so resultirt nach 5 Generationen eine Descendenz von 151 Milliarden Individuen, nach 6 Generationen eine solche von 22781 Milliarden. Allerdings ist hierbei der den natürlichen Verhältnissen kaum entsprechende, günstigste Fall vorausgesetzt: dass alle Individuen zur Geschlechtsreife gelangen und sich fortpflanzen. Aber selbst wenn, theils schon während des Embryonallebens, theils später, soviele Individuen zu Grunde gingen, dass die von einem Pärchen nach 6 Generationen abstammende Nachkommenschaft nur die Hälfte der oben angegebenen Zahl betrüge, so würde diese Ziffer genügen, um die so grosse und rasche Verbreitung des gefährlichen Parasiten zu illustrieren.

---

a) Taf. 1 Fig. 26.   b) Taf. 2. Fig. 27.

*) Wenn Müller Leuckart's Beobachtungen an Trichosoma crassicauda als unrichtig hinzustellen und den hier von demselben nachgewiesenen Parasitismus der Männchen im Uterus des Weibchens auf ein bloses Häutungsphänomen zurückzuführen sucht, so fehlt ihm für diese Behauptung jedwede Begründung. Ganz abgesehen davon, dass Linstow und Bütschli die Befunde Leuckart's bestätigten, hätte schon ein Einblick in des Letztern Parasitenwerk (Bd. II. p. 162) genügt, um jeden Zweifel an der Richtigkeit der Beobachtung zu beseitigen.

Werfen wir nun zum Schluss noch einmal einen Rückblick auf die Lebensgeschichte unserer Heterodera, so steht es wohl ausser Zweifel, dass wir es hier mit einer Metamorphose zu thun haben, und zwar mit einer solchen, die weit komplizierter als sonst, auch für einen Nematoden einen ganz aussergewöhnlichen Charakter trägt. Beim Weibchen lassen sich hierbei nach unseren Beobachtungen zwei, beim Männchen drei Stadien unterscheiden.

Auf die erste Larve, die äusserlich noch ganz den Habitus eines Nematoden besitzt, beweglich ist und frei in der Erde lebt, folgt eine zweite sexuell gleichfalls noch indifferente, sessile und parasitäre Jugendform von abweichendem plumpen Aussehen. Die weiblichen Geschlechtsthiere entwickeln sich nie über diese letztere hinaus. Sie bleiben, indem sie alle die Eigenthümlichkeiten derselben bewahren, zeitlebens auf einer larvalen Stufe stehen. Beim Männchen hingegen schiebt sich hinter die zweite Larve noch ein Ruhestadium ein, aus welchem, unter theilweiser Neubildung der Organe und Weiterentwicklung der Genitalanlage, die bewegliche geschlechtliche Form hervorgeht.

Wenn wir auch durch Leuckart's [22]) neueste Untersuchungen über Allantonema, Sphaerularia und Atractonema wissen, dass dem Nematodentypus eine ganz unerwartete Biegsamkeit zukommt, auch schon früher durch desselben Forschers hervorragende Entdeckung der Heterogenie erfahren haben, dass bei den Rundwürmern das Entwicklungsleben nicht überall so einfach verläuft, wie man vordem annahm, so ist uns doch bis jetzt kein Vertreter dieser artenreichen Gruppe bekannt geworden, der einen ähnlichen Bildungsprozess durchläuft, wie wir ihn bei Heterodera antreffen. Unter den Würmern bieten die Echinorhynchen vielleicht in dieser Beziehung noch die meisten Anklänge dar, da sich bei ihnen, wie bei Heterodera, auch ein Puppenstadium findet, während dessen die alte Larvenhaut den jungen Wurm wie eine Cyste umschliesst. Allein es fehlt hier die zweite Larvenform, denn der Embryo geht nach kurzer Wanderung in den Ruhezustand über. Ebenso wie bei den Kratzern zeigt auch die Metamorphose der den Anguilluliden nahe verwandten Gordiiden wesentliche Abweichungen von derjenigen unserer Würmer. In der That stände der Rübennematode bezüglich seines Entwicklungsganges völlig isolirt, wenn nicht einige Insekten in ihrer Lebensgeschichte eine Parallele böten. Es sind dies insbesondere die zu der Abtheilung der Rhynchoten gehörigen Cocciden, die gleich Heterodera auch ein phytoparasitäres Dasein führen. Ihre Umwandlung erinnert insofern an diejenige unseres Schmarotzers, als auch bei ihnen zwei Larvenstadien mit ähnlichen biologischen Merkmalen auf einander folgen. Wie bei Heterodera ist die erste Jugendform freibeweglich und schlanker gebaut, während die zweite eine plumpere Gestalt aufweist und der Lokomotionsfähigkeit entbehrt. Auch bei den Cocciden bewahrt das weibliche Geschlechtsthier die larvalen Charaktere, indem es sessil an demselben Ort verharrt und zuletzt sogar zu einer blosen Brutkapsel wird, welche die Nachkommen schützt. Und auch der Mann zeigt in seiner Entwicklung ein durchaus analoges Verhältniss. Wir sehen auch bei ihm ein Puppenstadium auftreten, in welchem die Nahrungsaufnahme sistiert, und daraus ein agiles Geschöpf entstehen, ausgerüstet mit allen Attributen, die eine Begattung ermöglichen.

Wenn ich diese Arthropoden hier zum Vergleiche heranzog, so geschah das übrigens nur um auf die Aehnlichkeit in ihrer Verwandlung hinzuweisen. Ferne lag es mir natürlich, damit irgendwelche nähere Beziehungen zu unserem Nematoden andeuten zu wollen. Wie die Gleichartigkeit der Lebensverhältnisse oft bei Thieren, die durch ihre Organisation scharf von einander getrennt sind, eine Aehnlichkeit in ihrem äusseren Habitus und ihrem Entwicklungsgange hervorruft, so haben hier auch ähnliche Ursachen analoge

Wirkungen zur Folge gehabt. Beide Formen führen ein parasitäres Leben, und beide haben sich den Anforderungen, die dadurch an sie gestellt wurden, angepasst. Allenthalben tritt ja die Natur überleitend ein, und nie arbeitet sie nach einer Schablone. Mit tausenderlei Mitteln ausgestattet und fähig diese in's Unendliche zu kombinieren, geht sie die mannigfaltigsten Wege, um so auf verschiedener und doch bestimmter Bahn bald die verschiedensten Wirkungen zu äussern, bald ungeahnt ein und dasselbe Ziel zu erreichen. „Lebensäusserung und Bau verhalten sich zu einander wie die beiden Glieder einer Gleichung. Man kann keinen Faktor, auch nicht den kleinsten, in dem einen Gliede verändern, ohne die Gleichung zu stören." *)

Die Wahrheit dieses Ausspruches zeigt sich, wie überall, so auch bei unseren Nematoden. Würde Heterodera, wie das Weizenälchen, ihre Metamorphose innerhalb einer schützenden Samenhülse durchlaufen, dann wäre auch der Gang derselben ein einfacherer, dann hätte vielleicht das Weibchen eine andere Gestalt, und wohl kaum hätte es beim Männchen eines Puppenstadiums bedurft. So aber sind die Existenzbedingungen nicht gleich, und die Formen bei beiden in verschiedener Weise angepasst.

— — —

*) Leuckart, der Bau der Insekten in seinen Beziehungen zu ihren Leistungen und ihren Lebensverhältnissen. Archiv für Naturgeschichte. 17. Jahrg. 1852. pag. 19.

———————

Litteratur-Verzeichniss.

1. *Bastian, Ch.* Monograph on the Anguillulidae. Transact. Linn. Soc. Vol. XXV.
2. *Bastian, Chr.* On the Anatomy and Physiologie of the Nematoids. Philosoph. Transact 1866.
3. *Brandt, A.* Die Eifurchung von Ascaris nigrovenosa. Z. f. wiss. Zool. Bd. 28.
4. *Braun, A.* Gallenbildung durch Aelchen. Sitzungsber. d. Gesellsch. naturforsch. Freunde zu Berlin. 1875 15. März.
5. *Bütschli, O.* Beiträge zur Kenntniss der freilebenden Nematoden. Nova Acta. Bd. XXXVI.
6. *Bütschli, O.* Untersuchungen über die beiden Nematoden der Periplaneta orientalis. Z. f. w. Zool. Bd. 21.
7. *Bütschli, O.* Entwicklungsgeschichte des Cucullanus elegans. Z. f. wiss. Zool. Bd. 26.
8. *Chatin, J.* Recherches sur l'Anguillule de l'oignon. Paris. 1884.
9. *Claus, C.* Ueber einige im Humus lebende Anguilluliden. Z. f. w. Zool. Bd. 12.
10. *Claus, C.* Beobachtungen über die Organisation und Fortpflanzung von Leptodera appendiculata. Marburg. 1869.
11. *Davaine.* Recherches sur l'Anguillule du blé niellé. Paris. 1857.
12. *Ganin, M. J.* Ueber Embryonalentwicklung von Peloderes teres. Bericht über d. V. Versammlung russ. Naturforscher und Aerzte. Z. f. w. Zool. Bd. 28.
13. *Greeff, R.* Sitzungsber. d. Gesellsch. zur Beförderg. d. Naturwiss. zu Marburg. Sitzg. 5. Dez. 1872.
14. *Goette, A.* Untersuchungen über die Entwicklungsgeschichte d. Würmer. Heft 1. Leipzig. 1882.
15. *Hallez, P.* Recherches sur l'embryogénie et sur les conditions du développement de quelques Nématodes. Paris. 1885.
16. *Kühn, Jul.* Untersuchungen über die Ursache der Rübenmüdigkeit. Bericht a. d. physiol. Laborat. d. landwirthschftl. Institut z. Halle. Heft 3. 1881.
17. *Kühn, Jul.* Ueber das Vorkommen von Anguilluliden in d. Blüthenköpfen v. Dipsacus fullonum. L. Z. f. w. Zool. Bd. 10.
18. *Liebscher, G.* Ueber die Beziehungen der Heterodera Schachtii zur Rübenmüdigkeit. Halle. Dissertation 1879.
19. *Lieberkühn, N.* Beiträge zur Anatomie der Nematoden. Arch. f. Anatomie u. Physiol. Jahrg. 1855.
20. *Leuckart, R.* Die Parasiten des Menschen. Bd. II. 1866.
21. *Leuckart, R.* Bericht über d. wissenschftl. Leist. i. d. Naturgesch. d. nied. Thiere. Troschel's Archiv 1870 u. 71.
22. *Leuckart, R.* Neue Beiträge zur Kenntniss des Baues u. der Lebensgeschichte der Nematoden. Abhandl. d. mathem.-physikal. Klasse d. königl. sächs. Gesellsch. d. Wissenschaften. Bd. 13. Leipzig. 1887.
23. *de Man. J. G.* Die frei in d. Erde u. d. Wasser lebenden Nematoden d. niederl. Fauna. Leiden. 1884.
24. *Müller. C.* Neue Helminthocecidien und deren Erzeuger. Dissertation. Berlin. 1883.
25. *Natanson.* Ueber Embryonalentwicklung von drei Oxyuris-Arten aus Periplaneta. Bericht über d. V. Versammlg. russ. Naturf. u. Aerzte in Warschau. Z. f. w. Zool. Bd. 28.
26. *Örley, L.* Monographie d. Anguilluliden. Budapest. 1881.
27. *Radekewitsch.* Zur Entwicklungsgeschichte der Nematoden (nach Hoffmann u. Schwalbe, Jahresbericht über d. Fortschr. d. Anatomie u. Physiologie. Bd. I.)
28. *Schacht, H.* Zeitschrift für Rübenzuckerindustrie. Jahrg. 1859, 1861, 1862.
29. *Schneider, A.* Monographie der Nematoden. Berlin. 1866.
30. *Schmidt, A.* Zeitschrift für Rübenzuckerindustrie. 1871 u. 1872.
31. *v. Schlechtendal.* Beiträge zur Kenntniss v. Pflanzengallen. Jahresber. d. Vereines f. Naturk. zu Zwickau. 1885.
32. *Schoyen, W. M.* Bygdalen (Tylenchus hordei. n. sp.) Christiania Vidensbabs-Selsbabs Vorhandlinger 1885. No. 22.
33. *Treub.* Quelques mots sur les effets du parasitisme de l'Heterodera javanica dans les racines de la canne à sucre; Ann. du Jardin bot. de Buitenzorg. VI. (n. d. „Naturforscher." Jahrg. 19. No. 39.)

Figuren-Erklärungen.

Allgemeine Bezeichnungen.

k.	Kopfkappe.	dr.	Drüse.
m.	Mundhöhle.	m.	Mastdarm.
st.	Stachel	a.	Anus.
ms.	Stachelmuskeln.	ov.	Ovarium.
oe.	Erster Oesophagealabschnitt.	od.	Ovidukt.
bulb.	Bulbus.	rs.	Receptaculum seminis.
oe.	Dritter Oesophagealabschnitt.	ut.	Uterus.
ex	Excretionsgefäss.	va.	Vagina.
d.	Darm.	vm.	Vaginalmuskeln.
h.	Hoden.	vu.	Vulva.
sp	Spicula.	schl.	Schlundring.
sm.	Muskeln zur Bewegung der Spicula.		

--

Fig. 1. Männchen von Heterodera Schachtii. Stark vergr.

Fig. 2. Kopfkappe. a. im Profil, b. von oben.

Fig. 3. Linkes Seitenfeld. Man sieht die körnige Substanz und eine Anzahl grösserer Kerne durchschimmern.

Fig. 4. Muskelzelle, a. von oben, b. im Profil.

Fig. 5. Linkes Spiculum.

Fig. 6. Stachel des Männchens.

Fig. 7. Spermatozoen. a. noch unreife, das eine von ihnen in Zweitheilung. b. ausgebildete Spermatozoen. c—g. Spermatozoen in verschiedenen amöboiden Bewegungszuständen.

Fig. 8. Blindes Ende des Hodens mit seinem Epithel.

Fig. 9. Weibchen von Heterodera Schachtii mit der „subkrystallinischen Schicht".

Fig. 10. Weibchen mit dem sogen. „Eiersack", in dem sich einige Eier befinden.

Fig. 11. Längsschnitt durch das Weibchen (etwas schematisirt), um Gestalt und Verlauf des Darmes zu zeigen.

Fig. 12. Querschnitt durch den Bulbus.

Fig. 13. Querschnitt durch die Cuticula des Weibchens. a. oberflächliche Schicht, b. zweite Lage mit der Radiärstreifung. c. dritte Schicht.

Fig. 14. Stachel des Weibchens.

Fig. 15. Weibchen von Heterodera Schachtii. Die eine Hälfte der Körperwand ist weggenommen, um den Verlauf der Genitolschlingen zur Anschauung zu bringen.

Fig. 16. Linke Hälfte des weiblichen Geschlechtsapparates.

Fig. 17. Weibchen, noch wenig angeschwollen, mit dem „Kopfhuttera!" und dem halbmond-förmigen Vulvaspalt.

Fig. 18. Erste bewegliche Larve.

Fig. 19. Dieselbe im Begriff sich zu häuten; man sieht innerhalb der Larvenhülle die zweite Larvenform.

Fig. 20. Stachel der ersten Larve.

Fig. 21. Zweite, unbewegliche, parasitäre Larve

Fig. 22. Dieselbe. Der Körper ist in der Mitte stark eingeknickt.
Fig. 23. Puppenstadium des Männchens. Stadium I. Im Momente der Häutung. Der Inhalt hat sich von der alten Hülle, die nun zur „Cyste" wird, zurückgezogen. Mastdarm und Vordertheil des Excretionsgefässes stossen eben die alte Cuticula ab.
Fig. 24. do. Stadium II. Die ursprüngliche Keulenform ist einer mehr schlanken, cylindrischen Gestalt gewichen.
Fig. 25. do. Stadium III. Der Wurm ist bedeutend gewachsen und liegt zusammengeknickt in der Hülle.
Fig. 26. do. Stadium IV. Das ausgebildete Männchen in der alten Larvenhülle.
Fig. 27. Puppe des Männchens innerhalb der Wurzel, noch von deren Epidermis bedeckt.
Fig. 28. Weibliche Heteroderen innerhalb der Wurzel, noch von der Epidermis derselben umhüllt.
Fig. 29. Weibchen zum grossen Theil aus der Wurzel, durch Sprengung der Epidermis, hervorgetreten; nur der Kopftheil steckt noch im Wurzelparenchym.
Fig. 30. Abgestorbenes Weibchen Man erblickt durch die braune, pellucide Cuticula, welche nunmehr als Brutkapsel dient, die im Innern eingeschlossenen Eier und bemerkt ausserdem zwei Larven, von denen die eine eben durch die Vulva die mütterliche Schutzhülle verlässt, während die andere sich bereits ausserhalb befindet.
Fig. 31. Theil einer jungen Rübenwurzel, an deren Wurzelfasern weibliche Heteroderen in grosser Anzahl haften.
Fig. 32. Larven im Momente der Einwanderung in die Wurzel. Rechts (b) eine Larve der zweiten, unbeweglichen Form, mit der alten Haut am Hinterende, als Ektoparasit aussen an der Wurzel haftend.
Fig. 33. Ei von Heterodera mit den grobkörnigen Dotterelementen und einem Richtungsbläschen auf der rechten Seite in der kleinen Vertiefung.
Fig. 34 - 35. Eier in Zweitheilung.
Fig. 36. Ei in Dreitheilung.
Fig. 37—40. Eier in Viertheilung.
Fig. 41—43. Eier in Fünftheilung.
Fig. 44—46. Eier in Sechstheilung.
Fig. 47. Ei in Siebentheilung.
Fig. 48. Ei in Achttheilung.
Fig. 49. Ei in Neuntheilung.
Fig. 50. Ei in Zehntheilung.
Fig. 51. Embryo im Gastrulastadium, mit dem Prostom, das noch eine ziemlich weite Lücke darstellt.
Fig. 52. Embryo kurz nach dem Gastrulastadium. Das Prostom hat sich auf eine kleine Oeffnung reduzirt.
Fig. 53. Embryo mit den beiden Urmesoblasten (um) am Hinterende des Entoderm (en). sw. die 4 sogen. „Schwanzzellen" und kz. die „Kopfzellen" des Ectoderms (ec).
Fig. 54. Etwas weiter fortgeschrittener Embryo mit den beiden Mesodermstreifen (ms.), in welchen die beiden Genitalzellen (gz.) bereits zu erkennen sind. en. Entoderm. ec. Ectoderm.
Fig. 55. Embryo, bereits gekrümmt; man bemerkt die grossen Darmzellen im Innern und (a) die zwei Genitalzellen.
Fig. 56. Ausgebildeter und aufgerollter Embryo im Begriff, sich innehalb der Eischale zu häuten.
Fig. 57. Entwicklung der Genitalanlage.
   a die beiden Genitalzellen liegen noch symmetrisch und getrennt auf der Bauchseite des Entoderm.
   b. dieselben sind bereits in Verbindung mit einander getreten und haben sich diagonal gelagert.
   c. Genitalanlage einer eben ausgeschlüpften Larve. gz. Genitalzellen. d. Darmzellen.

Druck von Leopold & Bär in Leipzig.

9

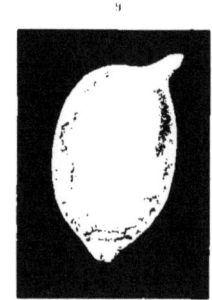

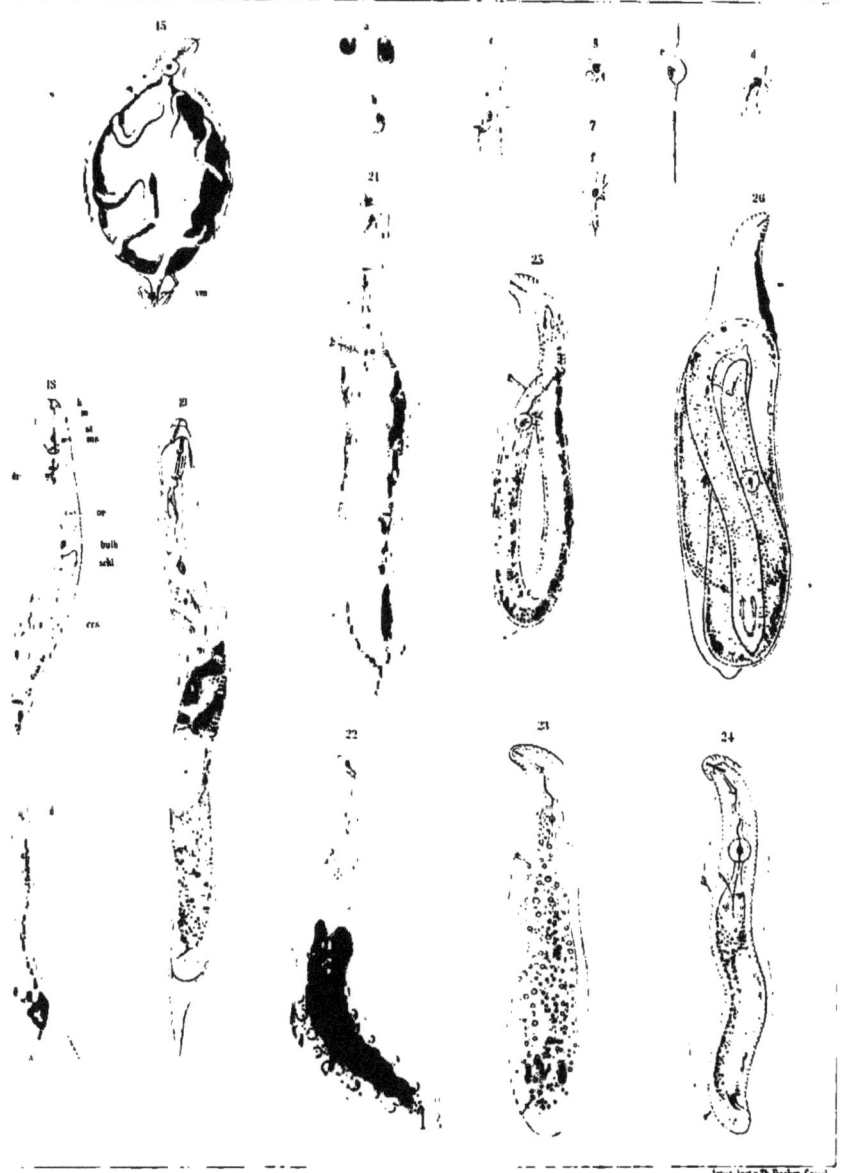

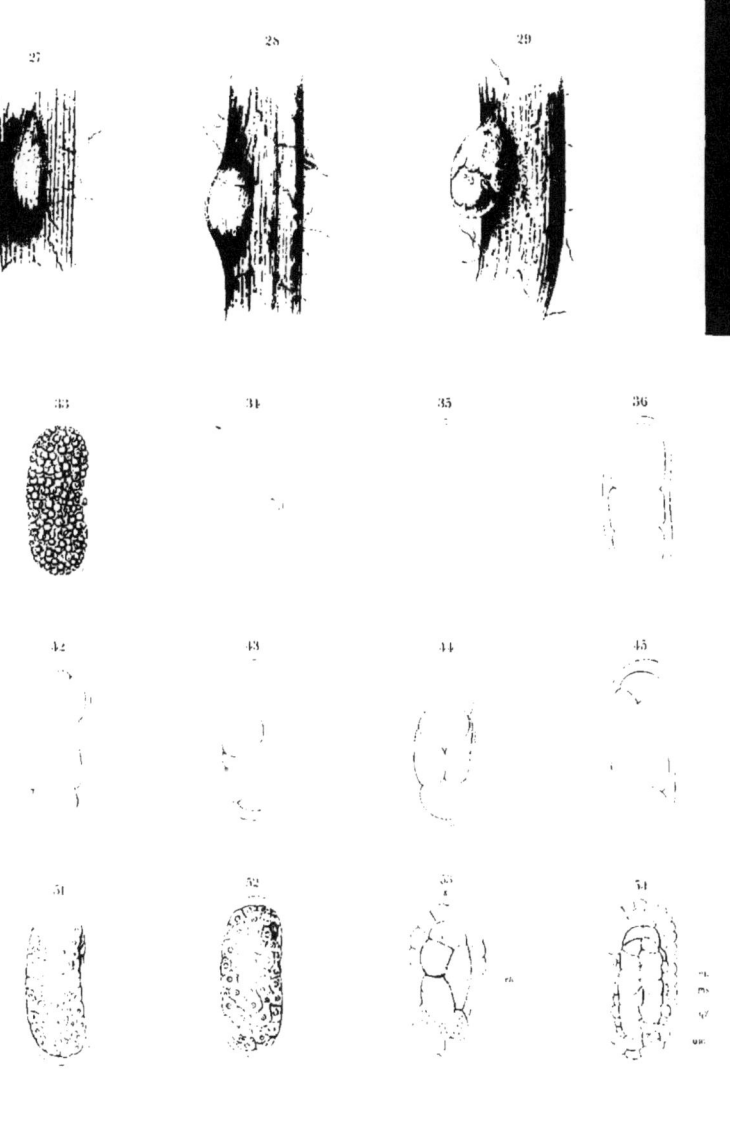

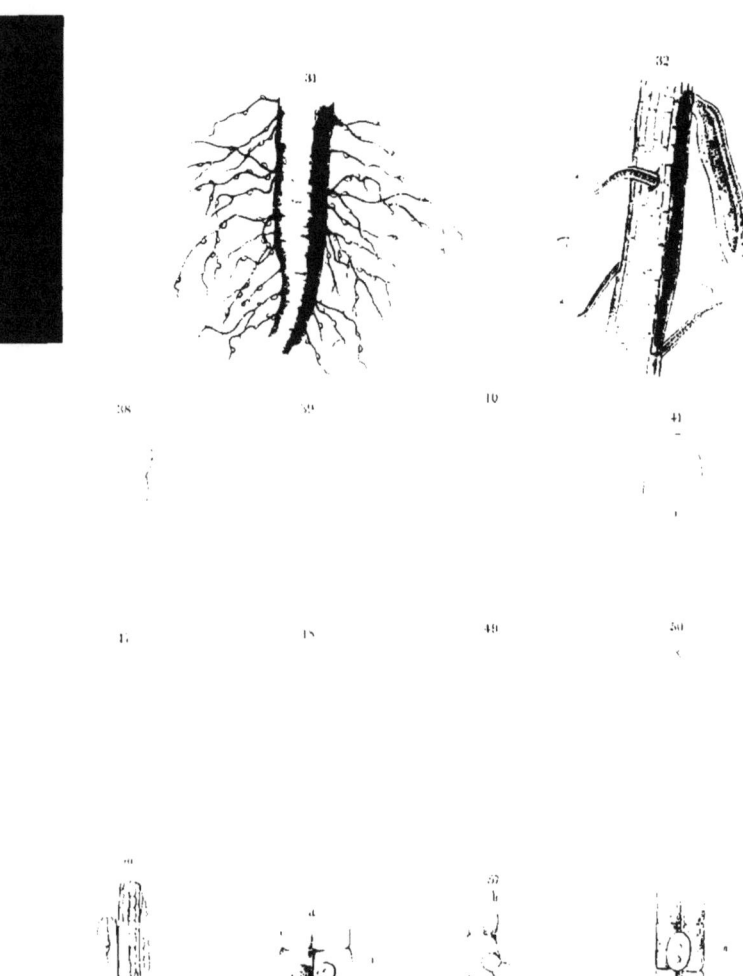

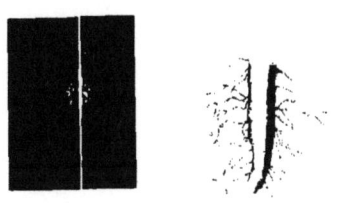